家庭舞蹈 5

窗外窗内

李维榕——著

华东师范大学出版社
·上海·

图书在版编目(CIP)数据

家庭舞蹈.5,窗外窗内/李维榕著.—上海:华东师范大学出版社,2018
(李维榕作品集)
ISBN 978-7-5675-7557-8

Ⅰ.①家…　Ⅱ.①李…　Ⅲ.①家庭问题—通俗读物
Ⅳ.①C913.11-49

中国版本图书馆 CIP 数据核字(2018)第 230016 号

家庭舞蹈 5
——窗外窗内

著　　者　李维榕
策划组稿　张俊玲
项目编辑　王国红
审读编辑　陈锦文
责任校对　王婷婷
装帧设计　卢晓红

出版发行　华东师范大学出版社
社　　址　上海市中山北路 3663 号　邮编 200062
网　　址　www.ecnupress.com.cn
电　　话　021-60821666　行政传真 021-62572105
客服电话　021-62865537　门市(邮购)电话 021-62869887
地　　址　上海市中山北路 3663 号华东师范大学校内先锋路口
网　　店　http://hdsdcbs.tmall.com

印 刷 者　浙江临安曙光印务有限公司
开　　本　890 毫米×1240 毫米　1/32
印　　张　6
字　　数　128 千字
版　　次　2019 年 2 月第 1 版
印　　次　2024 年 6 月第 4 次
书　　号　ISBN 978-7-5675-7557-8/B·1118
定　　价　34.00 元

出 版 人　王　焰

(如发现本版图书有印订质量问题,请寄回本社客服中心调换或电话 021-62865537 联系)

总 序

本来并没有打算写书,不知不觉却写了二十年的文章,加起来重重一大叠,不单代表我的工作,也反映了我的人生。

忙着与别人的家庭共舞,原来别人的悲欢离合,也是我的悲欢离合;我与别人,原来难分彼此,同属一个七情六欲生老病死的系统,都在迷茫中找寻自己的归属感。

这二十年来,我也从初期游戏人间的心态,变得心情沉重;又从悲天悯人,回复满怀喜悦。

没有解决不了的问题,只有烦恼人,不断自寻烦恼。

我却是学得越来越任性,高兴时笑,悲伤时哭,生气时骂人。活得痛快,才有闲情细嚼人际关系的丰富,不会错过身边人。

借道浮生,恕我无心细听你的满腔惆怅,只想邀你一同赏玩路上好风光!

初版自序：蜕皮

李维榕

记得第一本《家庭舞蹈》出版后，很多看过的人都追着问我，这个家庭后来怎样了？那个故事又如何完结了？

其实我自己也很想知道答案。

因此，当那三个孩子的母亲要求再见我时，我十分兴奋。

我最后见她一家人时，已经是五六年前的事，那时几个孩子夹在父母的矛盾中，完全地失控。

再见他们时，三个小男孩已经变成三个壮健的青少年；他们的母亲，也一改当年忧郁的样貌，一宗宗地细说过去几年来的生活细节；到哪里去游玩、见过哪些有趣的人物，而且有相片为证——每一张照片也是他们怎样努力地让自己活得丰富的见证。

三个青年人虽然仍面临着若干问题，但是对前途均表示乐观；尤其学业一直末尾的二弟，很得意地告诉我，他刚刚拿到成绩优异奖。

闲话家常后，我问母亲："你为什么要见我？"

她早有准备地回答："我以前见你时，你说了很多话我都记不起了，却就是记得一句话，你说，我已经失去我的丈夫，如果不留神，我连孩子也会失去！"

原来她是要证明我是错的。

我说:“我很高兴我错了。”

大弟却说:“幸好你这样说了,妈妈才肯放手,不然我们可能真的跑掉了。”

无论如何,我很感激他们给我这个见面的机会;尤其那三个孩子,当年闹得让我全无办法,但是这次却明确告诉我:我们很好,请放心!

他们同时给我带来一个信念:家庭的韧力是很强的,有时好像穷途末路,但会柳暗花明;穷则变,变则通。

这五本书,代表了我在香港工作及生活的十年点滴。我自己也从初时游戏人间的心态,变得愈来愈沉重:太多人与人之间的纠缠不清;太多无可改变的哀伤;太多不必要的烦恼;太多放不下的执着;太多无奈;太多失落。

但是有个不变的道理,就是要变。我不是常有机会知道与我相遇的家庭变化如何,但是我知道,只要他们能变,就会海阔天空。

而我自己的治疗工作,也随着我的成长而不断改变。

原来人与蛇一样,是要久不久换一次皮的。蜕下一层旧皮,又是一个新开始。

于是,我又等着破皮而出。

目 录

窗外窗内看人生

星期日，我最喜欢到中环一间咖啡室去吃下午茶。

这天，选了一个窗口位，靠着落地玻璃而坐，优哉游哉地享受这个充满米兰情调的环境。眼睛由墙上挂着的米兰歌剧院旧海报，慢慢地溜到窗框上那古雅的深茶色天鹅绒布幔，突然发觉窗台外面坐了一排“宾妹”①，背贴着玻璃窗，与我几乎相靠而坐。

我吓了一跳，一片玻璃，竟然划开了两个不同的世界。

一个已经埋没的记忆突然被重翻出来。

小时候家住北角，在一条斜路上。我的床也是靠在对街的窗下，我在床上站起来，就可以看街。

初时望的是一片山景，渐渐地，附近建满了四层的楼房，因为在斜坡上，车库都建在下层。后来不知怎的，连车库也住满了人。

那时有很多由外地来的人，往往好几家人租用一个密不透风的车库，大热天时，住客都睡到街上去。帆布床就架在我的窗外，让我晚晚都与陌生人隔墙同眠；他们甚至把收音机挂在我的窗台上，于是他们听什

---

① 菲律宾妹子，此处特指在香港讨生活的菲律宾女佣。——编者注

么节目，我也听什么节目，他们之间的是非瓜葛喜怒哀乐，我也了如指掌。

家外有家，上海话、福建话、潮州话，我都学会了一点，尤其是骂人的话。

最喜欢看对面一对不停吵骂的夫妻，往往在半夜把我吵醒；爬起床来，只见女的拿着菜刀追着男的斩，追上时，却只是一边骂一边斩男人手中的雨伞。

又有一次，半夜传来女人凄厉的尖叫，对男人说："不许你走，你走的话我就当众把衣服脱掉！"

男人还是走了，女人真的当众脱衣。我还记得她那一身乱七八糟的内衣裤，以及一边捶胸一边擦眼泪的神情。

那时电视机并不流行，我的一扇窗却供给我无限的娱乐，人与人之间自导自演的互动剧本比任何剧作都来得有趣。

一夜，我突然听到轰然一响，爬到窗前，看到一个男人俯伏在马路与行人路相接的沟头，脑浆溅满一地，与我相隔不足五尺。

有声音在大叫："有人跳楼呀！"

从此我就不断见鬼。

窗外的景象，有时会延续到窗内。一天，一位少女抱着一个初生婴儿，在我家大门前呆坐。听大人们说，她是未婚妈妈，被家人赶了出来，无处可去。

我父亲叫人把婴儿抱到家中收养，那孩子就成为我的小侄儿。我们一起长大，一个健硕的婴儿，变成一个健硕的青年。但是窗外的人始终属于窗外，他并没真的被接纳，长大后也无法在社会容身，在应是年华最灿烂的时候，跳楼自杀了。

那时我在外国，据说他曾经对人说过："姑姑回来就好了，她一定会帮我！"

原来我是他唯一的希望。只是那时我自顾不及，极少与他联络。我听不到他的呼唤，但是我看得见他的坠楼，那轰然一响，那脑浆涂地，那求助无门的绝望！

而我，却在他最需要我时，把窗关上。

我一生的故事都好像与窗子有关。沧海桑田，窗外的景色经过无数变化，但是所发生的事情却好像翻来覆去，景物换了，人物却总是不变，离不开那七情六欲。

怪不得有人说，心理治疗者都是偷窥狂(Peeping Tom)，全都有偷窥癖，在暗里观察别人心底的秘密。想来自己选择这一行业，必然与小时候天天看窗有关。

只是愈来愈发觉，别人的故事，其实也是我自己的故事，窗外窗内，反映的是同一个世界。

在纽约的 Minuchin 家庭中心(Minuchin Center for The Family)有一盒录影带，叫作"Home With No Doors"——没有门的家，记录的是美国一些接受救济的家庭，门户大开，社会福利机构的员工在其中出入自如。

一个不能把门关上的家，饱受被外面世界侵占之苦，不能建立一个家庭应该拥有的独立空间及界限。

保障自己的家庭空间，的确是健康家庭的生活要素。

但是在东方国家，大城市的挤迫是一种传统文化，福利家庭固然会挤迫得人叠人，小康之家也一样备受人满之患。一位同学的硕士论文，就是研究家庭挤迫与家庭问题的关系，发觉在一个家庭内空间的分配，往往间接影响了一个家庭的运作，同时反映出一组家人的关系，甚至造成个人问题。

但是一个家庭的界限，并不止于四面墙壁，其实家庭成员之间，一样需要适当的界限。

例如一个三代同堂的家庭，上一代的眼睛，变成闭路电视，追随着每个人的一举一动。下一代的眼睛，同样在盯着上两代人的运作。

互相观察，是正常的家庭行为，但有时也会出岔子。我见过一个十岁男童，长得聪明伶俐，却无心上学。他说："我的家人比上课来得重要，我要看着他们！"

原来他的母亲与祖母水火不容，不断明争暗斗。

男孩说："好像家中有两个婴儿争着要哺乳，我不知道奶瓶要让给哪个好，因为让给一个，另一个就会生气，我实在应付不来。"

很多孩子，甚至成人的毛病，都是因为全神贯注在家人的关系矛盾上所致的。这些家庭往往密不通风，家人只有彼此相观，互相纠缠。

因此，门关得太紧，同样不是一个好现象。尤其现代的孩子，往往变成过分受保护的动物：他们的房间没有窗，也没有窗外。

人生三部曲

为香港大学心理学系开设一个“爱、性及婚姻”(Love, Sex and Marriage)的课程,课程分三天,我本来打算顺着题目,第一天谈爱,第二天谈性,最后一天谈婚姻。

但这人生三部曲,真的可以分得那样清楚吗?是否真的要顺着一定次序而行?还是这只是卫道之士的理想,以为要有爱才可以有性,才可以结婚?

其实,爱与性可以完全是两回事。

性是生物作用,没有性,就不能传宗接代。有生物学家认为,上帝给人“性”的愉悦,主要是给人类一点甜头,让我们不会懒于性交、不肯制造下一代。

一位社会生物学家 Desmond Morris,拍摄了一辑叫作 *Human Animal* 的片集,探索了很多不同部落的社交求爱方式,以及家庭组织。他的结论是,无论社会转变有多大,文化有多落后或进步,有一个不变的定律,就是男欢女爱!

而不管文明社会把这人类最原始的现象粉饰得多么浪漫——烛光相对、罗帐轻垂的温柔乡境界,与我们祖先数千年前在荒郊的野合,作用完全一样，都是生理的安排，让我们继续担任生育工具的任务。

当然，并不是所有人都同意这种人类为生孩子而生存的论调。其实，人类与其他动物的最大区别，就是大部分动物都是为生育而性；卵子不成熟的猫是不叫春的；而人类却是唯一为“娱乐”而性的动物，不一定是为了生孩子才行周公之礼。

近代对性的研究很多，进步到可以拍摄人体内所有感官对性交过程的反应。

什么是爱，却是个大问题。心理学对爱的研究很有限，远不及文学及艺术的表达丰富。

有趣的是，最吸引我们注意，感人肺腑的，往往不是相安无事或“从此快快乐乐生活下去”(live happily ever after)的爱；而是一种爱的强迫症，一种爱的心魔。

已故法国导演 Francois Truffaut，拍过一部关于大文豪雨果 Victor Hugo 女儿的影片《阿黛尔·雨果的故事》(*The Story of Adele H.*)。这位叫作 Adele Hugo 的女子，恋上一名军官，受尽爱的折磨、爱的出卖；到最后，她为情所困，郁郁而终。临死前军官在她面前出现，但是她再也认不出他来。

到最后，她已完成爱的大业，再也不需要真有其人。

据说，在她的墓碑上有人刻上这样的句子：“雨果在文学上的成就，他的女儿同样地在爱情上达到了。”

这种爱的强迫症(love obsession)，对传宗接代一点好处都没有，却给我们带来无限情怀，爱的失落，始终是最容易引人共鸣的一回事。

心理分析家 Irrin D. Yalom 也记录过他的一个个案，叫作“爱的刽子手”(Love's Executioner)。他治疗过一个七十岁的老妇，因为恋上了自己以前的心理治疗师，被爱火燃烧，日夜煎熬。

Yalom 花了九牛二虎之力，终于让这老妇明白，这一切全部是她的幻觉，那治疗师绝对不是她的白马王子。

老妇接受了这个现实后，脸上那一股爱的光彩立刻消失，本来被爱火燃烧的身体，也像气球突然泄气般，缩作一团。

再也没有可以追随的青春及爱的梦想，老妇回复自己的真实年龄，躺在床上等候死神来临，她的丈夫哀求 Yalom 说："她怎会变成这样？你快把以前的那个她还给我。"

Yalom 自称"爱的刽子手"，治疗好老妇的心病，却不知道是救了她，还是害了她。

幸好婚姻不像爱情小说般惊天动地，不会那么累人。

性学家 William Masters 把爱情分为三个阶段。第一个阶段就是"堕入爱河"，顾名思义，这是一个无法翻身的状态，让我们身不由己，耗尽我们的精力，令我们完全丧失逻辑。

幸好这段日子不会维持得太长久，在爱情的第二阶段，我们的眼睛不再"失明"，开始看清楚双方的本来面目。如果发觉王子变回青蛙，仙女变回凡人，依然愿意彼此相守，这一段关系才有办法延续——这大概就是婚姻的境界吧！

最后阶段，是两个垂暮的老人，手牵手走在黄昏的路上。

如果爱、性及婚姻真的有个次序，这大概就是大多数人羡慕的结局。

何谓正常家庭

在宴会上碰到一位女士，她问我："你是否觉得我的家庭很不正常？"

何谓正常家庭？是个有趣的问题！

这位女士结婚三十多年，她与丈夫大部分时间都是异地而居。读书时一个在英国，一个在美国，工作时也是一个在欧洲，一个在亚洲。事实上我们一顿晚餐未完，他们夫妇二人就要赶去机场，又一次惯例的道别。

但是她说："我并不觉得这样有什么不妥，他有他的事业，我有我的工作，各有各忙，我一点也不觉遗憾。但是朋友觉得我这个家庭很不正常，你认为呢？"

我说："我不知道什么是正常家庭，你觉得满意就成。"

在家庭治疗各学派成立的时候，宗师一代的确花了很多心思研究家庭的形式与互动，以及怎样的家庭会制造出怎样的问题。

早期一项对精神分裂病人的家庭研究指出：这一类病人的家庭，有一个特别的沟通形式——叫作"双重束缚"(double bind)，而且大部分出自母亲。

即是说，母亲的话往往有双重含义，例如她一方面对儿子说："你尽管出去玩吧，不用理我。"一方面又说："让我一个人孤孤单单地闷在家里好了。”

这些话让儿子不知道是应该出去玩耍，还是应该留在家里，进退两难，不能动弹。

当时这种沟通方式造成精神分裂的论调，引起很多人的兴趣，更是带出所谓正常家庭及不正常家庭的类别。

但是在这后现代主义的阶段，我们发觉很多理念都是来自外在社会文化。即使学术上的知识，也是同样地反映着当时的社会制度及价值观。

因此，如果我们观察到精神分裂者的母亲语带双关，那么可以推论，也许在非精神分裂者的母亲身上都会出现，而且不止是所有母亲都会语带双关，所有父亲亦会这样。

家庭的组合及沟通形式，有很多相通之处，却又因人而异。我们再也不知道什么是正常家庭。

例如亚当斯一家[①]，每个成员都古怪得出奇，但是我们却看得津津有味，因为我们从这荒诞的家庭片段中，看到自己家庭的影子。

在台湾碰到一位心理分析专家，他问我："你为什么选择做家庭治疗？"

我反问他："你为什么选择做心理分析？"

他答道："因为我从每个病人的经历中，都再一次地探索到自己内心的隐秘及深藏之处。"

我也答他说："我从每个家庭的舞台上，同样是再一次地体会到自己的家庭。"

---

① 美国电影《亚当斯一家》(*The Addams Family*)中的人物。——编者注

不管是临床工作所见到的家庭，还是亲属朋友的家庭，总是让我觉得似曾相识。

闹哄哄，乱纷纷，你方唱罢我登场，只是无论他乡也好，故乡也好，却又总是系着那千丝万缕的情意结。

家庭就是如此奇怪的一个多面体。

我不敢把它分门别类。

相反地，愈来愈学会尊重它的各种形式与配搭。例如宴会上碰到的这位朋友，是位成功的科学家，走在时代的前端，离开香港后，立即就要到米兰去参加一个有关克隆人的世界性研讨大会。她的丈夫也是一位有成就的学者，两人的工作都是这般重要，朝夕相处的婚姻生活自然就居次位。

聚少离多，我们入座时又把他们夫妇隔开了，二人却不时四目交投，举杯对饮。

她说："我本来就没有打算结婚，连我妈妈都说我已立下决心要拿诺贝尔奖，因此，我们现在的安排其实对彼此都很理想。但是我的外国朋友却觉得我活得很苦，甚至有人对我说，你快哭出来，不要逞强，不要把泪水往肚里流。"

她气愤地说："他们完全不了解我的思想、我的文化背景，以及我的婚姻关系！"

其实不止外国人，中国人也一样，对夫妻生活往往有太多既定的标准。我自己初学婚姻辅导时，同样是满脑子理想伴侣的形象，结果不但觉得别人的婚姻有问题，连对自己的丈夫也觉得处处不合格，总认为他没有做到辅导指南内所提出的准则。

拿着准则看婚姻，只会引来无谓烦恼，这是婚姻的大忌，因为夫妻之道，实在没有标准可言。

像这位女士所说，只要她自己满意，旁人又何劳多加评论。

正常不正常，全是当事人的决定。

临别时，她说："别人都叫我小心，别让丈夫找小老婆去，但是我对他有信心！"

我笑说："那可不是信心的问题，婚外情有时是一种机缘，发生起来，老婆是否伴在身旁，也许一点分别都没有！"

碰到这位多姿多彩的女士，对我来说，也是一种机缘。

另 类 家 庭

每次回到纽约，大卫总是让我看他儿子丹尼的照片。小家伙一次比一次长大，大卫也一次比一次兴奋。

小丹尼并非只有大卫一个爸爸，他的亲爸爸是李察，还有李察的同居伴侣基立。小丹尼由妈妈戴安娜及她的同居伴侣尼可抚养。

一个孩子，同时拥有三个父亲、两个母亲，好不热闹。

这种错综复杂的家庭关系，人力物力资源充足，羡煞了不少旁人，也令不少卫道者恶心，质疑这种环境究竟会制造出怎样的一个儿童？

同性恋家庭，是北美洲的一个有趣现象，而且愈来愈受到这个多元化社会的重视，很多辅导书籍，都特别提到同性家庭的辅导。大卫自己就写了一本《同性伴侣》(*Same Sex Couple*)的著作。

小丹尼的父母亲都是同性恋者，各自有自己的伴侣，各自有个安定的家庭，唯一觉得美中不足之处，是没有孩子。于是小丹尼的父母各自与自己的同伴商量后，决定以人工受孕的方式，制造下一代。

李察与戴安娜虽然是孩子的亲生父母，外国人称为“生理上的父母”(biological parent)，实际安排却是一项四人商议的决定，用李察的精子与戴安娜的卵子交配而来！

这事本来与大卫无关，只是他当时刚与同居多年的老伴分手，情绪低落，他与另外四人是多年朋友，听到这两对同性男女的壮举，很自然地加入队伍。五个人兴高采烈又无限紧张地策划小丹尼的来临。

戴安娜比尼可年轻，但也是快四十岁的妇人，怀孕起来一点也不简单。五个人战战兢兢，挨过一关又一关。

大卫是我纽约家庭研究中心的同事，那一段时候他有如惊弓之鸟，每收到四人中任何一人的来电，就慌忙万分。偏偏另外那两对同伴都住在纽约北部的一个小镇，大卫要坐一个小时火车，才可以与他们会合。

小丹尼出生的那一刻，除了那筋疲力竭的亲母外，迎接的还有八只热情的手！

小丹尼将永远不愁缺乏照顾，有五双手为他换尿布，十条腿为他跑路，即使五人中有人离开，他也永远不会成为单亲家庭的产品。

小丹尼究竟是怎样的一个孩子？

他今年五岁，大卫正在与其他四位父母商议，怎样为他过生日。

外表看来，小丹尼与其他五岁孩子没有分别。一个孩子拥有五份父母的爱，相片上出现的是一张充满阳光的脸，反映着万千宠爱在一身的满足。

小丹尼长大后，也会成为同性恋者吗？

这是一个老套的问题！目前为止，没有任何证据证明在同性恋环境下成长的孩子，长大后也会成为同性恋者。

他入学后会不会遭到其他孩子的耻笑？

那倒很难说，因为校园中没有一个孩子可以幸免不被其他孩子捉弄。

但是小丹尼所代表的，是北美洲另类家庭的一个典型。

正如后现代主义的学者所质疑，二十一世纪的家庭，再也没有一定的形式。一男一女成家立室白头到老的家庭组合，在现代社会已愈来愈难继续维持。

我读过一篇出自一个十四岁美国男孩的文章，形容他的左邻右里，不是再婚家庭，就是同性恋家庭。相比之下，他自己那一父一母的所谓“正常”家庭，显得沉闷无光，乏善可陈。

但是这并不等于家庭观念再也不能立足，相反地，在这科技昌明的新社会里，更多人千方百计地把自己编织入各式各样的人际网络里，像一块由无数不同花式所构成的图案，每个花式都可以代表一个不同的家庭结构。我们并没有背弃家庭，只是多了选择的形式；再也没有明显的性别角色分配，或者清晰的理想准则。

在我长大的年代，何谓标准男女及标准家庭，一点也不含糊。男的要比女的高大，女的要比男的年幼，男主外，女主内，一儿一女是个“好”字，严父慈母是个角色定型。

可悲的是，最近在香港见到一个九岁的小男孩，父母在他三岁时就已经离异，他一直跟着叔辈生活。但是他带着的教科书，内容所形容的都是父母双全的家庭生活，不是“爸爸带我们去旅行”，就是“妈妈为我们煮饭”。

对于这个九岁孩子，每一课书都是对他那个破碎家庭的一种嘲笑，怪不得孩子不肯上课。

而那个甚至在内地也不再合时宜的家庭图画，竟然在香港的教育制度中，依旧横行无阻。

婚姻怎么会失败

婚姻怎么会失败?

这是一个难以解答的问题。

有些夫妇一天吵到晚,彼此之间没有一句好话,但是他们却同偕白首,至死不分。

有些模范夫妻,羡煞旁人,但是他们却突然分手,叫人完全摸不着头脑。

在北美洲的国家,婚姻辅导是个庞大的市场,各派专家都有不同技巧,刻意为困苦中的痴男怨女,策划一段美满姻缘。

怎样增进沟通,怎样处理矛盾,怎样进行性交,市场上有各式各样的婚姻指南自助手册。

问题是,婚姻是一个十分复杂而又神秘的二人结构,两人的互动及内在心态,有时连局中人都搞不清楚,旁人又怎能理解?

怪不得家庭治疗大师 Carl Whitaker 每次遇到有人向他询问夫妻之道时,他总是说:"我连自己的婚姻都照顾不及,哪有多余的智慧予以分享!"

Whitaker 这种"没有智慧"的智慧,听来好像令人泄气,但是根据华盛顿大学心理学教授 John Gottman 二十多年的研究，大部分的婚姻指引，真的没有多大功效。

因为，大部分的婚姻指引，都是根据一个理想的婚姻为标准。而 Gottman 的临床研究，却发现现实生活中的夫妻之道，往往与专家意见大有出入。

例如，在他一项涉及两千对美国夫妇的研究中发现，可以同偕白首的夫妇，关键并非在于二人能否合拍，而是在于他们怎样处理两人的不合拍。

夫妻之间有没有争吵，也不是断定婚姻持久的准则。婚姻能否维持，主要看他们究竟有没有解决争吵的办法(有时继续争吵，也是一种解决办法)。

最重要的一点，是这两人是否仍息息相关；也就是说，夫妻之间是否仍有情感的维系。

Gottman 的最好指引，就是提供一套预测婚姻寿命的方程式。他认为，可以持久的婚姻，并非坊间所提出的一般和谐模式，夫妇之间有各种不同的配搭和形式，他们并不一定需要浪漫，甚至不一定要沟通或找时间相处。婚姻美满之道，就是每有一桩矛盾，就要有五桩好事去抵偿。

这五比一的平衡，是 Gottman 对神仙眷侣的定义！

因此，如果你想知道自己的婚姻能否持久，就要仔细思量，在每一次不称心背后，是否有五次称心可作平衡？

Gottman 自夸他这个为婚姻占卜的计算方法，有百分之九十四的准确性。

以我看来，Gottman 虽然认为别的专家对婚姻的指引过于理想化，但他这五比一的计算，同样是要求过高。也许它对美国中产阶级的家庭适用，然而在中国家庭里，有时"一比一"已经十分难得。

其实什么是"问题"，各人有各人的定义；如果以一般婚姻指南为标准，也许我们大部分家庭都不及格。

我记得以前在美国学习婚姻辅导的时候，也追随了很多所谓"正确"的夫妻之道。结果不但改变不了向我求助的人，连我看自己的丈夫，也觉得处处不对劲，甚至发现连我自己也不是一个好榜样：所有夫妻之道该做的事，都没有做到；所有不该做的，却全部做足。

也许我的经验与 Gottman 所提出的方程式刚好相反，每做对一桩事，就做坏五桩！奇怪的是，至今我仍未离婚，可见婚姻这个二人三足的游戏，确有出人意表之处！

另一项研究发现，夫妻的面部表情可断定婚姻的长久。

这是一个警世的发现。据称，最伤害婚姻关系的表情有三种：一是鄙夷，二是悲伤，三是冷漠。如果夫妻二人有如此表情，则婚姻必不持久。长期活在这三种表情的压力下，不但会带来精神问题，同时会致病、心脉加速、免疫系统失效。

Gottman 有一绝招，劝告每当夫妇间的矛盾达到沸点时，就要及时停止；别管对方做了什么不惬意的事，先量量自己的脉搏，看看心跳有没有每分钟比正常时高出十拍；有的话，就赶快鸣金收兵，或远离对方二十分钟，再定对策。

知道什么时候该停下来（Knowing when to stop），其实不单对婚姻有效，对所有人际关系，都是一个成功要素！

最近看到一部 Julia Roberts 主演的电影，就是运用这个技巧。其中一段描写她与男友争吵，二人像斗鸡一般互相冲撞。要停战实在不容易，只见他们二人拼命作深呼吸，按捺不住时宁愿把头撞向墙壁。一对气冲冲的活冤家，如何停战休兵，实在需要九牛二虎之力。

可惜Gottman没有为怨偶发明脉搏量度器，让我们像戴着手表一样，每有争吵，便发出危险信号。即使保不住婚姻，也可以保命长久。

但是Gottman的各项婚姻研究中，我最喜欢其中两项发现：一是听老婆话的男人会令婚姻长久（老婆听老公话就没有同样效果）；二是习惯做家务的男人患心脏病的机会会较低，洗碗对丈夫尤其有效，因为这动作可以帮男人减压。

从女性的角度视之，丈夫又听话又肯洗碗，婚姻又哪有不成功之理？

婚 姻 一 景

我们已纠缠了三个小时，这对夫妇才停战下来。这种持久战，关键是谁捱得住谁就赢了。我一直在等他们收兵，看来我的耐性终于胜出他们了。

人已经回到北美，心中却仍是念念不忘台湾那对夫妇。

他们一个面向左，一个面向右，系着他们的是一股牢牢的恨意。尤其是妻子，没有一句话不是有感而发，不断地提醒丈夫对她的欠负。

儿子坐在他们中间，不但打扮成女孩模样，连说话也操假音，完全像个女性。他说："我不喜欢与男生来往，我对他们全部没有兴趣！"看到母亲对父亲的仇视，不难想象这男孩为什么认为男人都不是好东西。

据说这丈夫以前曾经虐妻、虐儿，是个暴力男人；而且很少回家，在广州做生意，长年外居。

孩子自小就没有一个男性的好榜样可以跟随，长大后在性别认同的过程中出了枝节，无所适从，这是过去我们对性别取向出了岔子的典型解释。但是自从基因的研究有各种突破后，我们再也不敢肯定了。譬如说，谁敢保证这男孩不是一早就注定了男生女相？虽说这对夫妇实在有太多可疑之处，但总不能什么事都归咎父母。

在北美洲，这种性别混淆的例子叫作“跨性别”（Trans-gender），当事人对跨性别本身并不觉得有何不妥，最可恨的是无知之辈给予诸多排斥，甚至暴力对待。我望着这男孩，心中正盘算着该由何处入手。幸好他的父母继续左一言、右一语，一直没有冷场。

夫妻俩的对白，其精彩之处，连最好的剧作家也无法仿效。

我们以往做家庭治疗，对于夹在父母矛盾中间的孩子，多是从夫妻关系着手，希望他们可以处理彼此之间的问题，别让孩子为难。但是这种做法，夫妻二人必须有点体育精神才行得通。另一个问题是如果他们的问题解决不了，孩子岂非永远不见天日？

因此，我一直在盘算，怎样可以不理会夫妇二人的仇怨，而成功地把孩子从他们的战场上拉走。

最简单的办法，就是让他不要在父母的争吵中坐得安稳，使他有离异之心。

我问他：“他们两人一谈话就是这样互相攻击的吗？”

他答：“一谈话就是这样！”

“你喜欢坐在那里左耳朵听他们一段话，右耳朵听另一段话吗？”

“不喜欢！”

“那么，你有没有想到要发展自己的天空？你十六岁，有没有同辈朋友？”

“有很多！”

没想到母亲突然与父亲停战，转头对我说：“他撒谎，他哪里有朋友？不出门，不上学，一天到晚只缠着我，他老要我跟他爸爸离婚，又不许我们同房，要自己一个人把我霸占……”

我叹口气，没想这青年泥足深陷至此。

看他如此阴阳怪气，要在同辈中立足，谈何容易。他的主诊医院已经给他同时分派了三位心理治疗师，都无济于事。

我只好又回到夫妇身上，对他们说：“如果真是如此，就只有你们两人才可以救他，无论你们之间有多大恩怨，可不可以暂时收起恨意，商讨一下怎样把他赶离你们的战场？”

我唯一可以做到的，就是把孩子邀请过来与我同坐，正眼看父母，也许会找到不同视野。

我其实对夫妇两人并不存厚望，只希望儿子在治疗师的鼓励下，可以对父母这习以为常的斗争，有多一番不同的体会。

想不到的是，丈夫突然坐到儿子留空的座位上，对妻子说：“你还是出去工作吧，要有自己的生活，孩子才可以学习独立。”

妻子仍然恨痒痒：“我为什么要去工作？我自问是个工作人才，工作时没有一个老板不给我满分，但是我绝对不会因为你要我工作就工作……”

丈夫又说：“那么你与我一起去广州，我们一同走开，让孩子自己干活……”当时我们在座的人都几乎惊叫起来，以为耳朵听错了。邀请太太一同到广州去！是我们无论如何也猜想不到的一招——起码可证明这丈夫并没有在广州养姨太太。

但是不知何故，无论丈夫如何低声下气，妻子都不领情。她转过头对我说：“你不知道他以前怎样叫我伤心，我为他献出青春，他却骂我胖，像猪一样。我在自己家中身娇玉贵，他却把我当作贱货……”

我轻轻说：“我知道他一定对你作过很大的伤害，但是你想给他一个补救的机会吗？还是你要继续惩罚他？”

她恨恨地说："当然要补救！"

丈夫又说："那么，我在所有人面前向你赔罪，以往都是我不对，我们再开始……"男的热泪盈眶，看来并非没诚意。只是女的恨意仍浓，一时间仍然没有收兵迹象。

已经谈了三个小时，我已筋疲力尽，原来处理别人的婚姻远比处理自己的更为吃力。有时自己会怀疑，是否选错了职业？怎么不去选择一份没有那么吃力的工作？青年人却十分凝重地望着父母在爱与恨、罚与恕的关系上挣扎。我正打算鸣金收兵之际，他们竟自动地改变局势，男的把手搭在女的肩上，几乎要下跪，女的虽然口硬，心中也可能开始软化。我乘机说："我本来也不敢寄望你们的关系会有好转，幸好我看错了。原来你们还有补救的余地。"

一场大战终于在双方同意改善关系的缓和气氛中结束，我也不知道这是婚姻治疗生效，还是他们都倦了。

飞越了十万八千里，我仍在问，他们结果怎样了？那青年人能挣得脱吗？

我后来在台湾又见了这对夫妇两次，两人的关系真的出奇地好转了。可见最无望的怨偶，都有翻身的可能。儿子是抽身了，但是仍要学习应付外面的世界。

尖 酸 刻 薄 脸

我问这位太太:“你可知道什么面部表情是最伤害婚姻关系的?”

她毫不犹豫便回答:“是愤怒,是悲伤的表情!”

她的丈夫也毫不犹豫地补充:“是不屑的脸!”

我想:怎么他们全部猜中了?赶快问:“是你们看了那份有关面部表情与婚姻关系的报告吗?”

他们都说没有看过,只是猜想罢了。

太太指着丈夫说:“你看,他的表情就老是那么不屑,一副尖酸刻薄脸。”

尖酸刻薄脸,的确是婚姻的克星。

我去年到台湾讲学时,也曾碰到这一对夫妇,当时只觉得这位太太有万分苦涩和愤怒,不停数落丈夫。表面看来,总觉得这位太太过于激动。

今年回到台湾,又见了这对夫妇一次,这次看得更仔细,发觉原来那位先生真的是满脸不屑。妻子的一言一行,他都没有反应,但是那鄙夷之情,却一目了然。这种表情,是足够可以让任何正常人发疯的。怪不得这位太太愈说愈生气,力竭声嘶地控诉着婚姻的不幸。

我们还以为她独个儿怎么可以说个不停，原来我们都看错了：她并非独白，她其实是与丈夫在对话，只不过她用的是言语，他用的却是无声胜有声的“尖酸刻薄脸”。

从夫妻表情看婚姻关系的好坏，是现代婚姻辅导的新玩意。而且不光是用眼睛观察，美国很多婚姻研究所，都备有测量面部表情的精密仪器。

如果你想知道自己与“另外一半”是否表情配搭顺利，可以做个“面试”。

测量师会让你们二人面对面交谈，谈什么内容都可以，然后用大特写把两人的面目表情录影在同一银幕上，以作比对。

另有测量师用电脑记录你们的谈话内容，以及表情反应，然后作出比一匹布更长的电脑资料，详细记录被测试者的全部应对。

原来面孔是会说话的：眉毛一牵，嘴角一动，鼻孔一歪，眼神一闪，牵动任何一处随意肌或不随意肌，都会发出千言万语，比语言的表达力更为强大。

一些专家认为最伤害婚姻的表情，真的是包括愤怒、哀伤及不屑。上述的夫妇一猜就中，可能是因为他们两口子真的是长久以来一直活在这种表情当中。

妙的是，他们举例的不只是对方的脸色，而是自己最常挂着的表情，如此具有自知之明，应该是可造之才，怎么会把自己的婚姻推入死角？

女的说，那是因为一种梦幻的失落。

原来她来自富有家庭，“下嫁”了这个不被家人接受的男人，觉得为他作了很多牺牲，对方却毫不领情，甚至做了打老婆的男人。

男的却说，娶了妻子后，每有不妥之处，对方便不停投诉嫁错了人，无法让她闭嘴，唯一办法就是打她。

一晃就是十五年，一对痴男怨女，男的虽然已经停止使用暴力，女的可仍是嘴不饶人，悲哀与愤怒纠缠不清，让人惨不忍睹。

男的便报以不屑之情。其实这种表情，同样是一种对老婆的暴行。

我问女人，最初喜欢他什么？

她说："觉得他很体贴。"

"你呢？"我问男的。

他说："那时她很可爱，身材很性感。"

女的忽然娇滴滴说："那时我只有一百磅。"

怎么一段本来两情相悦的婚姻，会弄到如此不堪的地步？

这对夫妇尚很年轻，但是两人都好像历尽沧桑。女人也许是长期生活在失望与哀伤中，被愤怒折磨得面目狰狞；男的却是一脸无奈，唯一的表情转变是由无奈变不屑，尤其是当妻子与他交谈的时候。

碰到这样的配搭，不用测量仪器，也不难观察到他们面部表情的微妙之处。

我看女的对丈夫虽然咄咄逼人，心态却好像仍然十分纯情。忍不住向她说："你是否很喜欢看琼瑶的小说？"

没想男的立即哈哈大笑说："我也这样说过！她以为结婚十多年，仍是活在爱情小说里。"

我不想我的话被丈夫用作讥笑老婆的武器，于是赶快改口说："那么你怎样可以把她变回婚前的状态？毕竟她嫁你时是纯情的！"

女的立即喜上眉梢，原来她的样子的确是可以十分甜美的。

也许婚姻的悲哀，就是带着爱情小说的憧憬，进入一个不受控制的世界：沧海桑田，人老了，长胖了，不再是旧时的我，但是心境却好像没有改变，依然以旧日的遐想，量度现实的生活，结果只会发觉处处不对劲。

婚姻是不可以如假包换的，发觉货不对时，如果不打算退货，就要学习天天照镜子，清除所有悲哀的脸、愤怒的脸、不屑的脸，特别是尖酸刻薄的脸！

异族通婚

大学来了十位美国的访问学生，来参加我的家庭治疗课程。

空谈无益，我干脆邀请他们参与，与本港学生以“角色扮演”（role play）形式探讨异族通婚的家庭形态。

抵港不到一天的Carol，立即就与本港的Raymond在角色扮演中成为一对异国夫妇。

跟着来的，是拜见公公婆婆。两老对于这位金头发的媳妇，十分不顺眼，正在评头品足之际，Carol又请来她的美洲父母，两对姻亲格格不入，笑话百出。

Raymond是独子，也没有能力置屋自居。Carol在这陌生的家庭，一举一动都被婆婆看管，吃饭一定要由公公先起筷，Carol无法接受这个家庭的大男人主义，夫妇结婚不够两个月，就要接受婚姻辅导。

没想到这位婚姻辅导员不但自己没有结过婚，而且事事叫Carol征求丈夫同意，Carol更是气得牙痒痒，于是又再找来她的父母，两对根本无法沟通的亲家，怎样指手画脚也谈不出结论。

一年后，添了一个小宝宝。二十年后，这少女仍是家中唯一的女孙，到Raymond父母入养老院时，他们仍然说，最大的遗憾是没有传宗接代的孙儿！

这个故事虽然是个荒诞的虚构故事，却也是一个现实的反映。我们的美国朋友，被这个重男轻女，以及父母处处介入的香港文化吓个半死，然而，香港的同学却忍不住问Carol，为什么在这样不可理喻的环境下她都可以挨下去？

Carol的回答十分有趣。她说，因为她爱Raymond，只好接受他的家庭文化。

我们的女同学听了哇哇大叫，异口同声说，香港的女士绝对不会如此忍让！

文化交流是很奇怪的一回事。Raymond的父母，明显是故意刁难这个美国媳妇，因而扮演一对老套的(stereotype)传统角色。

Carol更奇妙，对于那个优柔寡断的丈夫毫不生气，却老是找家翁出气，问她的原因时，答案又是因为“爱”！

这个练习得出的结论，是美国女子比较浪漫，香港的女同胞却选择实事求是。

我在美国的一位中国朋友，娶了一位美国太太，竟然成功地把她驯得服服贴贴，令她以为中国妻子都是这样子的。

她后来发觉上了当，忙找我问计，朋友却千般阻拦，叫我不要破坏他的美满家庭。

在美洲，异族通婚的例子很多。我在纽约的中心，就有一位专门辅导异族婚姻的同事。

两个不同文化的结合，一般生活习惯都要重新适应，实在不容易。

课堂上另一对美港的男女配合，在讨论婚嫁时，单是决定每天吃什么菜、选择在哪一个国家定居，就让两个爱侣知难而退。

当然，异族通婚有很多好处，像同时享有两个文化的丰盛和冲击，应该是海阔天空、天下一家的良机。

偏偏往往不被父母接受。

在伦敦见过一位中国父亲，得悉儿子要与犹太女子结婚，气得日夜不成眠。为了阻止这段婚事，他找了全家人来接受家庭治疗；然后，埋怨治疗师不中用，没有帮助他成功地让儿子清醒过来！

那美籍治疗师被他缠得毫无办法，认为这是一个文化价值观的问题，找我一起参与咨询。我对这位父亲说："你要阻止儿子娶异族女子，治疗师是帮不了你的。"

他忙问："那谁人可以帮我？"

我笑答："去看《孙子兵法》吧！"

反正这是斗法，不是治疗！后来他真的找到良策：在儿子决定婚礼日期后，寄信到女子家中及所有亲属，叫他们不要出席，因为到时他会在宴席上放炸弹。

女家不想把女儿嫁入这个疯子之家，真的取消了婚约。两个年轻人不胜负荷，结果也是不欢而散。

在最后的一次治疗会面时，他的妻子及全家上下都数落他的不是，问他怎么变成恐怖分子，怕不怕身败名裂？

男人毫不反驳，只坐在那儿阴阴笑，眼角间却挂着一丝得意。这一次，他真的成功地保卫了下一代儿孙"血统的纯正"。

这当然是个极端例子，但是他的心愿，的确代表了很多上一代父母；对他的成功，很多上一代父母会偷偷鼓掌。

婚姻不是两个人的事，那是两个家族的事。

妙的是，班上刚好有两个新婚同学，我请他们比较两个同族人的婚姻经验，与 Carol 及 Raymond 的异族婚姻例子，有何异同之处。

他们娓娓道来，原来竟是异少同多，双方家长同样会对新加入者评头品足，起居饮食及姻亲关系一样要重新协议。

也许不论异族还是同族通婚，都是两种文化的组合。

分不开的怨偶

美国来的交换学生，第一天来上课，参与了一个异族通婚的角色扮演游戏。本港同学带给他们的是一个“男性至上”的家庭形象，令美国的女同学吓破了胆，忙着问我：“你这课程有没有介绍女权主义的内容？”

两天后，他们来看我做家庭治疗示范，看见的却是一位把丈夫及三个儿子管得牢牢的女强人。

这位女士指挥自如，家中四个男人没有一个合格，全部垂头丧气，敢怒不敢言。

女士说：“我被丈夫气坏了，他一无是处，我明天就叫他的社工给他找个去处，不要再在我眼前出现。”

她真的打算把丈夫撵走，但是他总是乖乖地返回家中。

美国来的学生无法明了这男人怎能忍受妻子的虐待，也无法想象这世界上，会有如此自称为“老虎”的大女人主义者。

一周下来，美国的同学益发糊涂，因为他们参与的每个课程，都带出一个不同的中国妇女形象。

中国妇女究竟是怎么一回事？

那忍气吞声、相夫教子、侍奉婆婆的柔顺女子是典型吗？还是那罚老公跪地扭耳朵的女霸王才是样本？是三从四德的牺牲者？还是办公室内震压群雄的女将？

有趣的是，以上这些极端例子，都是中国妇女的形象，因为中国妇女的形象是多变的，绝对不是独沽一味！

因此，不单我们的美国朋友看得眼花缭乱，我们自己也往往难以捉摸，究竟自己的同胞有多高深？

我常说，要研究女人，就要同时研究男人，因为两者不单是相辅相成，而且是同时相互“训练”的。

听说台湾出了一本书，叫作《家有贱夫》，我没有机会看到内容，但是觉得这个书名很有趣：如果家有贱夫，将会出现一个怎样的妻子？

像上述个案的女人，表面看来蛮不讲理，每句话都是一颗子弹，射向在座中四个沉默的男人；但是如果你看得仔细一点，就会发觉这四个男人的沉默，其实是对付女人的最大武器：他们愈没反应，女人就愈骂得凶；她骂得愈凶，他们就愈没反应。所谓“互相训练”，就是这个道理。

可是，如果你分别与妻子或丈夫说话，你会发现两人都不是令人讨厌的人。只是不知何故，把两个人放在一起，就会产生如此古怪的化学反应。

也许是长久的不满会令人产生一股怨气，两股怨恨加起来，又怎能令人得以动弹？

这一类分不开、合不拢的怨偶，在辅导界最常见。

问题是，他们很少一同接受辅导，多是妻子自己长期地单独见社工或辅导。

我自己是绝不愿意在这种情况下单独见妻子（或丈夫）的，因为婚姻是一个二人游戏，单见一人，不但于事无补，还往往把一方的投诉，在不断重复申述中变成一种习惯、一种理所当然，有时甚至是一种武器——“我的辅导员都说我的看法是对的！”对于原本已有分歧的夫妻关系，更是火上加油。

无论中国妇女有多少不同典型，反映的都是当事人与家人的互动关系。问题是佳偶难求，世上实在太多痴男怨女。

如果你不幸是其中一位，千万别以为用说话发泄没什么大不了。因为一次发泄尚情有可原，两次就是失控，三次就会养成习惯，以后难以改变。

如果一定要在怨气中生活，最好是学习苦中取乐，怡养身心、吃喝玩乐、打小人、翻筋斗，正经事及不正经事，海阔天空，可做的事多得是。

最糟的是扮演单一的怨妇角色，不但憋死自己，还会憋死别人。

最近到新加坡讲学，碰到一位幽怨万分的妇人，她不停向我诉说她的悲哀，问我怎样排解。我毫无办法，从手中拿着的大会送我的一束玫瑰中，抽出一朵送给她，说：“你看这玫瑰花多美丽！”

她拿着花朵，视而不见，继续那不停的倾诉。最后我索性将整束玫瑰送给她！她抱着花束，停了一停，有点愕然。

连玫瑰花都看不到的眼睛，只看到悲哀与怨恨，那才是最大的遗憾。

爱的解剖

为什么在爱情上对四个人专一，要比对一个人专一容易？

以下是我的答案：

因为爱情专一，是文明世界的发明，而人类的基本生理结构，从来都不是为了单一的爱情而设计的。

我们的远古祖先，是从群居开始的，住在一起，聚在一起，性生活也是混在一起。

达尔文进化论所提出的适者生存的道理，指的并非个人的成就或特长。适者生存，主要是看谁有能力把精子送到卵子会合，传宗接代，那完全是捷足先登的作用。

而这种原始的求生之道，至今仍然控制着男性精子的进攻策略。很多人认为精子一进入阴道，就会一窝蜂地拥向卵子，这其实是错的：原来精子行军甚有策略，兵分三路，一部分是防守，不让别人的精子通过；一部分是攻打，把别人的精子打败；最后一部分，才可以道路无阻地冲向卵子，完成任务。一将功成万骨枯，这道理在交配的战场上，同样生效。

你也许会问，阴道内怎会有别人的精子？

关键就在这里，如果阴道内只有一个人的精子，造物者就不必如此苦心地为精子装备这种用兵之道。

因为无论你怎样用情专一，我们的生理结构都是准备了你是会杂交的。

科学的先进，让我们可以在人体内拍摄精卵交合的实际情形。有趣的是，种种新发现，却是把我们带回混沌初开的状态。

朋友从美国回来，送给我一本 Helen Fisher 的书：《爱的解剖》（*Anatomy of Love*）。Fisher 把两性之交，追溯到猿人，甚至更早的阶段，发觉人类不过是“剃了毛的猴子”；我们的种种行为，由求偶至结合至分手，都仍然脱离不了我们不想相认的老祖宗。

例如求偶方式，一位爱情老手曾经对我说过，要吸引男士注意，要欲拒还迎：对方不望你时你望他，对方望你时你就把头别向他处，或不经意地把眼睛垂下，如此几番探索，最后四目交投，变成一种千言万语的凝视……

那位爱情老手不知道，黑猩猩及猿猴的求偶方式，与她所描写的是一模一样的。

在两性相悦的过程中，人类的身体语言及生理状态，与动物国度的其他动物异少同多。大猩猩会站起来双手搥胸；蛇、鼠及青蛙都会把身体竖起；龙虾会用前足把身体举高；而男人，也是自然地挺胸收腹。

无论我们怎样努力把两性之欢，修饰得多么得体或浪漫，那始终是一项制造后代的勾当。也许上帝怕我们偷懒，特别在我们的大脑中布下天罗地网，制造各种荷尔蒙激发我们有所行动。

心理学家 Carl Jung 说过，两性相遇，如同两股化学物体相触：如有反应，便会令人头昏脑涨，完全失去思考能力。坠入爱河，其实大部分，甚至全部都只是化学作用。

但是，我们为什么会恋爱？什么因素决定我们选择去爱谁？性学家John Money认为，人人都在潜意识中有一份“爱的蓝图”（love map），那是孩童根据成人及四周环境的体会而形成。这蓝图在我们七八岁时就已经形成，内容多是一些尚未成形的影像；成长后，遇上符合这些意识中的人物时，那似曾相识的感觉立即就会产生一种吸引力。

其余大半就是荷尔蒙的作用。

从遗传学、人类学、社会学及进化论的角度看男女关系，Fisher所提出的种种例子，真的把情为何物这一回事，解剖得淋漓尽致。我们人类以为自有主张，却原来爱与性，以至二人的配合，大部分都是身不由己，全由大自然摆布。归根究底，我们不生育，便会绝种，异性相吸的道理，从来都没有规定此生不渝。

求偶、恋爱、结合这爱情三部曲，很多人都会追随；但是追随之余，并非每个人都会从一而终。而一夫一妻制的体制，只是欧美国家的主流，其他世界部落，很多都是多妻或多夫制的。

因此，如果当你遵守只爱一个人的原则，而放弃其他诱惑，成功的话当然好，否则留在一个人身旁，心中却想着得不到的另一人，则早晚会发生问题。

如果你可以爱另一些人，而又不用放弃身旁的一位，不用取舍，便没有爱情不专一这回事。那么，对人人都可以此情不渝！

此情不渝

朋友告诉我，她结婚十五年，一直感到婚姻美满。夫妇两人情投意合，性生活满意。因此，当她一天提早返家，发现丈夫与另一女人在床上时，她的震惊可想而知。

她问："为什么我丝毫不觉有异样？是我昏了眼，还是我一直在欺骗自己？"

什么都不是，只是婚姻的幻灭，往往都是如此难料。

星期天，与久未见面的亲戚午膳，叔叔刚从美洲探望孩子回来。他说："儿子结婚十年，媳妇是个很纯情的女孩，我们都宠爱她，把她当作女儿看待。怎知她突然搬走，只留下一封信，对我儿子说：'我从来都没有爱过你，我再也不能与你相处下去。'她是否心理变态？"

她不是心理有问题。相处多年，突然发觉自己从来没有爱过对方，是最常见的分手理由。合则留，不合则去，始终是二人相处的基本要求，实在没有太多解释。

有学生找我诉苦，他说："妻子埋头玩 ICQ 游戏，并且一有空就飞到意大利去跟网友相聚。其余时间，身在家中，心却越洋而去。"

学生十分苦恼，他认为自己对太太无微不至，为了让她开心，甚至掏腰包让她出国会友，自己却孤单地留在家里，独自哀伤。

他问："我要做些什么，才可以把她争回来？为什么竭尽所能，只换来她那'你入房我出厅'的鄙夷？好像不屑走入我呼吸过的空气中？"

答案其实很简单：愈是哭哭啼啼的男人，愈会令妻子舍命而逃。"我为你作了多大牺牲"是留住对方的最下乘之策，只会让人受不了。

有个孩子不肯上学，父亲说，是因为母亲把他宠坏。母亲却说："如果你不想我宠他，你就要多给我关注。你不理我，又叫我不去理儿子，那么我还有什么指望？"

父亲说："我每天工作回家，已经疲倦不堪，还要为你打点家务，为你买菜下厨。你还不满足，究竟要我怎样？"

问题是，妻子要的不是菲佣，如果丈夫想搭救儿子，让他挣脱母亲的牵手，他自己就要把妻子的手牵住，别无他法。

又有一位母亲，明知婚姻无望，丈夫已向她提出离婚，但是她的眼泪和悲哀，把他紧紧地系牢。

她说："我不甘心，分明是一段美满感情，怎么一下子就烟消云散？如果是我做错了什么事，我可以努力改变，我一定会补救！"

妻子不知道，如果丈夫只因为怕你寻死而留下，他的不甘心，一定会比你的不甘心更大。

男女之情，实在有太多阴差阳错，天时、地利、人和，各种意料之中及意料之外的因素，都会影响个人心态及双方的维系。十年前两人恩爱，不等于现在一定会恩爱；以前爱你爱得发狂，不等于现在仍然爱你爱得发狂。

在感情的国度里，变，是必然的现象。

奇怪的是，我们在面对情变时，总是觉得突然，总是觉得日月无光，总是觉得被对方出卖。

其实，真正出卖我们的是自己的执着。

数数看，由青春至成年，又由中年至老年，你真正爱上过多少人？（“真正”的定义是曾经有过密切交往。）

又再数数看，同一期间，你曾经幻想过，或秘密地渴望爱上哪一些人？

相信后者的数目必比前者为大。

然后细细思量，你对这些人的感觉有没有改变了？有的话，是怎样的改变？每个不同年龄的阶段，又怎样地影响着你的改变？

也许你会发现，为什么热恋中的人，总是把“一刹那”形容为永恒，因为“永恒”真的只有“一刹那”的短暂。

而现实生活里的情，又要比幻想中的情，改变得更快。

当然，不是没有天荒地老的爱情，只是两情若是久长时，就要挨得住那朝朝暮暮的磨练。年轻时候结婚，很多人都有一幅美丽图画：两个同偕白首的老人，手牵手地步向日落黄昏。

此情不渝的要求，不知道什么时候打入我们的脑袋中，成为一种对情的信念。

其实在现实生活里，这幅美丽的图画，主角可能是一对年老的新婚夫妇，两人都经历过多次婚姻离合，各自有各自的儿孙，然后老来找到新伴，因此笑得特别甜蜜。

此情不渝，是爱情小说的金科玉律；但是此情不渝，是个最难实践的承诺。

也许如果立法规定，不论男与女，每人都有权在一生中，最少对四个不同的人动情，我们或会对情为何物，多一份了解。

因为对四个人此情不渝，比对一个人此情不渝，来得容易。

有“变”的婚姻

我认识一对夫妇，女的很渴望丈夫触摸她。为了达到这个目的，她有时会故意假称这里痛，那里痛，让丈夫为她涂上药油。

男的却说：“中国传统是不公开摸人的！”

我问他：“你觉得维护中国传统重要，还是为你妻子做些这样简单的事，让她满足更重要？”

丈夫想了一会，回答说：“其实也不必维护传统，摸就摸吧！”

这段对话，可以有很多不同层次的解释：什么是传统夫妻？是否传统夫妻就要维护传统？还是有时传统只是一个借口，让我们不必为新的需求费神？

又或者身在其中，我们会有意无意地重复一些惯例，虽然没有引用传统，但仍是不知不觉地依循了某些维持不变的形式？

例如另一对夫妇，女的千方百计地要把男的抓住，她说：“我甚至要自杀，他都不理我，只想跑掉。”

男的却说：“我并没有跑掉，只是远远地站住。因为她要起性子来时非同小可，家中所有东西都会被掷得粉碎。”

女的却说：“其实我只希望你把我紧紧抱住，我便会平静下来。”

很多人听了这段对话，都会认为这是男女之别：女的以感情行事，男的却以大脑思维为准则。

男女固然有别，但若这些分别一成不变地成为彼此处事的方式与态度，那么，这段婚姻是没有真正地结合——那不过是两个完全独立的人，不知何故地活在一起，甚至生下了孩子。

婚是要结的，所以叫作"结婚"。

两个独立的体制结合，成为一个体制，活像两间公司合并，当中必然有很多不便之处，甚至权力斗争。

有位公司总裁告诉我，他的公司最近与人合并，单是商讨如何重新分配工作空间及权力范围，就已经把他弄得筋疲力竭，遑论去谈营业问题。

婚姻的结合，也是一样。

最近班上有两位同学结婚，谈起他们的经验，几乎大部分时间都花在双方家长的谈判上，筵开多少席、男女方亲家的排位、亲友名单等等，好不容易才熬到礼成。

回到爱巢，谁的衣服放在哪里、臭袜子如何处置、大小毛巾怎样配合花款，又是一番挣扎。怪不得爱情小说里的王子公主，他们的故事总是在婚礼完成时便完结，因为小说中的梦想情人，在真正的婚姻舞台上，很难派上用场。

这么说，是否就没有理想的婚姻？

倒也不是，只是各人定义不同。

对我来说，上述第一对夫妇，就很有潜质。因为他们能"变"，丈夫一句"摸就摸吧"，极尽慷慨就义的精神，是个好转机；当然也要看妻子是否懂得欣赏，否则怎样赴汤蹈火也无济于事。

第二对夫妇，也不是绝无转机，起码妻子不发脾气时，其表达能力极佳。丈夫虽然想跑，但是没有完全跑掉，只站在远处不动，也许是惊怕妻子真的自杀——有惊无险，起码是个好现象。

我处理每个婚姻个案，总是想找出它有没有补救之处，而尽量忘记它不可行的地方。

因为这一路程，一点都不容易走；有困难是必然的，但只要找到新的可能性，便会化险为夷。

传统的束缚、男女性别的差异、子女的需求、工作的压力、柴米油盐等，都可以影响二人世界的生活质量。"穷则变，变则通"这个千古不变的道理，其实套用在婚姻上也十分奏效。婚姻是一份不断更改的合约，没有比永远不变的婚姻更闷人。

愈变愈有效，愈变愈浓情。数年前我患了一场大病，丈夫陪我在医院的长廊，遵守医生吩咐慢慢步行。一手拿着"天地线"[①]，一手拿着放尿的袋子，臭气熏天，我却突然发现，那是我们结婚多年最浪漫的一次散步，突然醒悟到相依为命的重要性。这个情况在我"理想婚姻"的蓝图上绝对无法想象，却意外发现，这才是婚姻生活的火花。

可惜病好了，一旦回复日常心态，百忙中就往往忘掉那柔情似水的互相依赖。吵起架来，更是舌剑唇枪，务求用语言把对方置于死地。

大部分婚姻困境，也许都一样，互相钻牛角尖，完全看不到出路，不明白"变"的道理。

变，是《易经》的道理；困中求变，也是婚姻之道。

---

① 医院里用来挂输液袋或尿袋的架子，可以拿着随病人一起移动。——编者注

严重受伤的女人

这位太太容貌端庄,谈吐有道,说起自己刚发现丈夫有婚外情的事,仍是丝毫不乱,有大将之风。

她说:“我不想乱动,所以来请教专家意见,以免坏事。”

我问:“你是想要挽救这一段婚姻,还是已经不想挽救?”

她说:“我当然想挽救,但是我不知道自己是否可以继续相信他!”

我说:“能否相信他,是要你自己判断的。但是我知道,如果你不能继续信任他,这一段婚姻就很难挽救。再说,能否挽救,并不是一个人的决定,两个人的事,必须两个人面对面解决。”

但是女士不知道她的丈夫是否愿意与她相谈,她说:“我先生是个什么事都放在心里的人,我甚至肯定他一定不会承认有婚外情这一回事。”

我们说:“除非你打算放弃,否则这事绝对不是你一个人可以解决的。”

两日后,女士打电话与我约时间,她的丈夫已经同意与她一同接受辅导。

这夫妇二人都是专业人士,分析力很强,与他们分别谈话,都是有情有理。丈夫不加考虑,就说不想放弃妻子,只是结婚多年,夫妻之间积累了一些阻滞,觉得总是妻子的道理比自己的道理强,渐渐地就不再表达自己的想法了。

我想，那就好办，因为最难处理的婚外情，就是与夫妇二人间的关系无关，只有第三者，再也没有枕边人；最有希望的婚外情是夫妇间出了问题，才造成第三者入侵。前者是婚姻死了，很难起死回生；后者是婚姻病了，也许仍有治疗余地。这两人都是聪明人，当然明白这个道理。

没想两个分开时甚有情理的男女，一同坐下来交谈时，竟是寸步难行。

丈夫说："我们实在多年来都无法沟通，我知道彼此都很痛苦……"

妻子答："怎么是多年？只是近期而已，我不同意你的说法！"

接着的谈话就是争论问题出现的正确日期。

丈夫很快就妥协，说："无论是近期，还是多年，时间实在不重要，重要的是，我们需要改变一些长久养成的习惯形式。一直以来，我都觉得自己在家中完全没有位置，总是要以你为主。"

妻子答："你这话毫无新意，我已经听过好多次。你觉得很委屈，但是你有没有想到我？我为你可以牺牲一切，而你却只想自私地生活……"

老天爷，我以为那女士希望丈夫不要把话憋在心里，她竟完全没有察觉，自己的每一个反应，都是要丈夫闭口。最后，丈夫终于不再争持，满肚牢骚又再化为沉默。

这情况在很多现代夫妇身上都有出现。

乍眼看来，女士好像强横无理，每句话不是要纠正丈夫的言谈，就是教训他不足之处。起初我完全不能明白，为什么一些愿意改善婚姻关系的女性，完全无法感受到丈夫的怨气，直到把对方推走，还觉得对方出卖了自己的情感？后来我才明白，关键就在这里：女性的大忌，就是情感被出卖。

不知道是受爱情小说影响，还是幼时的一个旧梦，像那小公主睡美人，花了很多时间等待那个骑白马来的男人。问题是，所有童话都在美丽的婚礼完成后便终止。很多人都知道，丈夫是王子变成的青蛙，只是睡美人的梦始终没有醒来，仍然等待那无微不至、情深款款的情人，看到身旁的青蛙总是不顺眼：一心要把他改造；不准抽烟，不准“打麻雀”[1]，不准交损友，甚至不准吃牛肉——因为那会让你的皮肤病发作。

习惯被管教的丈夫愈来愈变成一个一有机会就趁机逃走的孩子，寂寞的公主愈来愈变得暴躁，没有被丈夫怜爱的女人，很快就会变得巫婆般让丈夫不能接近。这个恶性循环，是若干现代女强人的婚姻写照，她们一方面在事业上出人头地，另一方面在情感上，却是伤痕累累：丈夫的每次逃避，每次沉默，都像刀子般在她们身上划下痕迹，让她们完全失去自信，却又不能放下武器。

明白这个道理，就明白那女士为什么对丈夫的每一句表达，都觉得是对自己的攻击。一个心理严重受伤的女人，即使听到最温柔的话，也会觉得刀光剑影。问题是，一段成功的婚姻，双方都必须具有共同解决问题的能力。如果连最基本的表达都不能互相接受，别说要解决婚外情，连解决两人共处的生活空间，都会格格不入。

想想看，一个是百词莫辩，一个是舌剑唇枪，如果目的是要挽救，哪有成功可能？

可幸的是，有些打不死的婚姻，无论怎样千疮百孔，都挨得下去，万般解决不了的问题，最后都不了了之。关键是，你想要的，只是一段婚姻，还是一段有质量的感情？

---

① 粤语，打牌、打麻将。——编者注

爱他，不如爱自己

何太太结婚十二年，孩子已经十一岁。

何先生是文化人，走在时代的前端。新时代的时事世情，以至吃喝耍玩，无一不通。

何太太是家庭主妇，结婚后一心想做个好妻子、好妈妈。

何先生的眼睛看到很远，整个地球不过是一个村落。何太太的视野却离不开丈夫与女儿。

二人的距离愈来愈远，丈夫的工作变成妻子的仇敌，处处威胁着她的家庭计划。妻子的爱，成为丈夫的牢狱，他说："我每次走入家门，就觉得要告别自由！"

丈夫的话，像利刀一般把妻子的心切成碎片。

何太太无法接受，婚前的似水柔情，男欢女爱，怎会变得如此无情无义？

何太太坚持丈夫一定有外遇，丈夫也坚持自己没有。

丈夫在家的日子，夫妻的对话就是集中在这话题上："你一定是爱上别的女人了！""我没有。""你有！""我没有！""你有！""没有没有！""有有！"

然后是相对无言，再也没有别的话可说。

与何太太谈话，她同样是一桩又一桩地投诉丈夫的秘密：那没有署名的留言，那没有回声的来电，那不明来历的旅馆账项……

何太太成为丈夫的侦探，丈夫的一举一动，全部逃不过她的明察秋毫。

她说："我爱他，不能没有他！"

她也说："我再受不了，这样下去我会疯掉，我要离开他！"

被爱焚烧的女人，是这新时代的一个旧现象——相夫教子的角色，扮演在新时代的家庭舞台，其实对女性是十分不利的。

婚姻是一项很艰巨的工程，不能单靠爱情维持，况且爱情是怎么一回事，每个人的定义都不一样。例如对何太太来说，爱情是婚前的重要承诺，丈夫对自己的爱护与关怀，是她的全部所求；爱，是长相厮守，是她对他的无限关注，以及井井有条的照顾。

不让他与"猪朋狗友"相交，不让他周末迟起床，不让他赌马，不喜欢他养金鱼，都是为了爱他！

何先生却恨痒痒地说："爱，是行凶的借口，一个'爱'字，就可以任意宰割。"

爱，的确不是通行证。

何太太的爱，愈来愈行不通，她那千方百计的爱，变成他那千方百计的逃。

妻子百思不解，只好自作分析。她想，自己与丈夫可能是性格不合。自己温柔体贴，什么事都为丈夫着想，千方百计保护自己的家庭，对别的男人全部不放在眼里；丈夫是鲁莽自私，把家当是旅馆，与所有女人都勾勾搭搭，最老最丑的也不例外。

最不可忍受的，是丈夫与什么人都谈得投契，唯独与自己无话可说。

他爱我吗？他不爱我了。他爱我吗？为何如此冷漠？他不爱我吗？为什么又时有关怀？

爱是何物？

从人类学的发展看男女关系，很多学者都认为男欢女爱的形式，与我们远古的祖先生活有关。老祖宗居于山野，男人都以打猎为生，猎兽行为，必须集中精神，然后出击，因此造成男人那集中焦点、忽略枝节的性格；相反，女人留在山洞看顾小孩，收集野果，因此注意力容易分散，特别留心小节。男女之别，多是进化过程的遗迹，与爱无关。

从大脑扫描的研究发现，相爱的人在一块，脑袋中会发出四点光亮，像四盏小电灯，闪闪生光。

原来爱的存在，全凭脑海中能否亮灯。

问题是，何太太脑袋里的四盏小灯亮得刺眼，何先生脑袋里却好像一片混沌。

不能同时亮灯，是男女间的千古遗憾。

从心理分析的角度而言，爱是必须有对象的；客体关系(object relationship)，指的就是情的依附。从孩童时候开始，我们就学会依恋母体；长大了，就继续寻找别的客体用情系住。

但是无论你爱的是谁，最后目的仍是希望对方依恋自己。希望透过选择的对象投桃报李，好好回报你的爱。

如此看来，所有恋爱都是自恋。

看到台湾出版的一本新书，名为《爱他，也要爱自己》。

但是，如果爱人本来就是爱自己，又何必多此一举？干脆爱自己就是了，省得多生枝节。

何太太说："也许我太爱我的先生，不懂得爱自己！"

其实何太太爱丈夫，就是希望他爱自己。不如走捷径，学习爱自己。如果她把集中在丈夫身上的目光，放到自己身上，也许她会发现，自己脸上带着多少焦虑，自己的身体顶着几斤重担，自己的心胸，被爱的失落捆得多紧。

别问他是否爱你，先问："我爱不爱自己？"然后打开紧闭的家门，向一片蓝天吸入一肚子清新空气！

丈夫出走的日子

丈夫突然搬走了，没有一句解释，衣物都拿走了，只留下一份空白。妻子外出回来，一进门就知道不对劲，赶紧打开衣橱、抽屉，衬衣格是空的，领带格是空的，连鞋格都是空的。每一空白，便一惊心。二十多年的恩情，竟只留下一个又一个触目惊心的空抽屉。

妻子拨了一连串的电话，都没有找到头绪。她不断说："太突然了，我完全没有心理准备。"

但是，真的是那么突然吗？

妻子的故事

她蹲在房间一角的地毯上，双手抱着膝盖，一脑子的焦虑，让脑袋几乎爆炸。那股惶恐、那股无助、那种被丢弃的感觉，把她困扰得像笼中困兽。

但是无论她怎样逃避，心底里始终有一个声音在告诉她，此情此景，好像一早就在预料中。

有好长的一段时间，夫妻二人已经开始各自度假。初时说是兴趣不同，他喜欢高尔夫球，她爱购物，各自找与自己志趣相投的朋友去消遣，好像是最自然的一回事。

渐渐地，相见等于不见，同床异梦，愈来愈习惯各自修行。

在家吃饭的时候，总是一个看电视，一个阅报；出外若非靠朋友坐镇，总挨不过一顿晚饭。

那日渐增加的距离，好像是在不知不觉中产生。因为不知不觉，其杀伤力更大，一段婚姻已被蚕食得体无完肤，只是随时等待倒下。

她左思右想，一方面怪自己怎么不及早醒觉，阻止这个危机的发生；一方面又充满着一种被出卖的愤怒——他怎能如此绝情？

百感交集，让她内心如火焚烧。

丈夫出走，是每个妻子的噩梦。

平时以为只要把房子打理得整齐清洁，便尽了妻子的职责。突然晴天霹雳，反而让她一洗多年的麻木感。

原来唤醒全部感觉，会是这样痛入心扉的！

平时对着丈夫，只把他当作室内的一件饰物——屋子里有太多要做的事，与丈夫交谈是最不重要的一桩。

也许丈夫也要负责，责任应该是一人一半的。他也不是个容易谈话的人，话不投机，就把话匣子关合起来。

一个女人的需要有时很简单，一句好话，或一下牵手，就会让她融化。偏偏男人是那样地固执，就是不肯做这些简单的事。

感觉不到丈夫关怀的女人，心肠自然地变得愈来愈硬，愈来愈要控制身边的一切。一天扫多少次地，洗多少次杯碗，都有一定安排。

吃东西一定要用盘子盛着，茶杯一定要放在杯垫上，家中丝毫不能乱，地上不能有半点尘污。女主人打理得无懈可击，像个总管似的，防止任何家人弄脏了她精心经营的整齐王国。

只是这一刻，当她证实丈夫已经潜逃，那感觉好像是在她那粉刷明亮的屋顶上，用大铁锤从高空击了个大洞，无论怎样清理，都弥补不了那个大洞。

她拼命从记忆中搜索丈夫离去前的蛛丝马迹，但是自己实在很久没有把他的一举一动放入心中，总是无法找到一个合理的解释。

的确是有过一些小争吵，但是没有理由造成巨变。

他是不是有了婚外情？

这个任何女人都逃不过的疑问，是她最不敢问，却不能不问的问题。

这一天是周末，好不容易等到星期一，打电话到公司找他。电话是接通了，但是对方一听到她的声音便挂线。

碰了一脸灰，她却想："还好，他好像在生我气，是生气的话就好商量，好好道歉便成了。如果他好声好气，才是心中有鬼。"

但是，她再想下去，又觉得前面的推理不妥当，会不会是他愧于面对，因此不接电话？

太多让她胡思乱想的空间，愈想愈糊涂。

奇怪的是，丈夫在家时，她很少关注他的心态，只留意他有没有把烟灰缸随意摆放，或一双臭袜子可曾放入洗衣机。

现在他走了，一息一念都不能不绕着他转，拼命要走进他的内心世界。问题是，愈进入愈找不到出路。

丈夫出走了，丈夫出走了！

怎样把他追回来？是否可以追回来？追不回来时怎么办？

百感交集，想到要找援手，不是妈妈，不是爸爸，心中即时浮现的，是那忠心耿耿的女儿。

她当下决定，找女儿去！

而女儿——尤其是大女儿，往往都会心甘情愿地接受这个缓和父母冲突的角色，由一个二人组成的平衡线，变成一个三人紧扣的铁三角。

为了维持三角鼎立，很多女儿都无法抽身，宁愿变成严重的心理病患者，永远效忠父母。

丈夫的故事

离家一个多月了，男人如鱼得水。

他住在酒店式的公寓里，每天照常上班，只是晚上不回家，而回到这个小公寓里。静悄悄的一个人，突然有种安定的感觉，安定得不想出门，只想坐在窗前往外看。

窗外人来人往，行人电梯就在窗下，上上落落都是年轻人，附近一间间餐室散发着食物诱人的香气，叫人留连忘返。

原来这号称香港苏豪区[①]的地段，是如此充满着朝气。男人忙着观看，好像要努力地追回一些自己失去了的时光。

为什么突然离家？连他自己也不太清楚。好像没有什么大事发生，也不是因为婚外情，只是在他五十大寿过后，他突然有一种不甘心的感觉。

不甘心那天天如是一成不变的日子；不甘心那整齐得毫不苟且的老婆；不甘心那进门必要脱鞋子的房子；不甘心什么都一尘不染！

人生过了一半，不甘心下半辈子就这样毫无色彩地过掉。

男人突然有个欲望，就是要摆脱这个无形的束缚。他想："如果我可

---

① 又称苏豪美食区或荷南美食区，位于香港岛中上环一带，是兰桂坊以西的新兴饮食地带。——编者注

以离开这个二十年如一日的家，也许我会发掘出一个新天地。”

离家的念头，令他觉得兴奋。

其实很多年来，他都是一入家门就设法找借口外出。

一切都好像习以为常，但是这个五十岁的生日，使他本来不安于室的心情，突然变得更为澎湃。

趁着妻子出门探孩子，他精挑细选，找到一间旺中带静的小房子，把自己的衣物悄悄地搬了过来。那种做贼心虚的犯罪感，令他觉得十分紧张，但是走出家门，即时又有一种理直气壮的感觉。

他对自己说：“我这一辈子总是按部就班，不抽烟、不喝酒，从来没做过一桩出轨的事。”

为什么安分守己的人，竟要离家出走？

想起小时候，被母亲责骂，也有离家出走的念头。有几次甚至收拾好衣物，走到街角，远远地望着自己家中的窗户，心中渴望母亲早点发现自己走了，赶紧追来找他。

但是每次都是等了许久，不见母亲追来，最后，还是他自己乖乖地走回家去。

这个儿时的旧梦，这一次他真的成功地实现了。

一个成功的专业人士，一个有家室的男人，一个五十岁的中年人，终于成功地出走了。

可以想象妻子发觉他走掉时，会有多震惊。两个儿女都已成年，应该不会太专注父母的事。他原想留个字条，解释自己离家的理由，但是愈想解释，愈找不到原因。

他白天照常上班，好像什么事也没有发生，除了听到妻子打来的电话，会立即挂断外，一切都好像与平常无异。

不接电话，是因为他不知道要说些什么，反正说什么都是自己理亏，于是索性避免交谈。

自己真的理亏吗？他其实没有想到这个问题。结婚二十多年，却无法形容这段婚姻的滋味。

一天，他打开电视，偶然看到一个有婚外情的中年男人，决定与女友同居。哀伤的妻子问他："你究竟有没有爱过我？"他结结巴巴地回答："我怎样说好呢？每次牵着情人的手，我都感到自己在恋爱；每次拉着你的手，都好像碰到自己的手一样，我没有特别的感觉，但如果把你的手砍断，我是会痛的。"

当时他想，这分明是做戏，要不是背后有人写剧本，怎会说出这番似是而非的话？

走就走了，说什么也是多余。

男人一辈子都不多话；不多话的人，大部分时间都与自己对话，所有的话都在脑子里盘算清楚，说出来时只有寥寥几句。

对他来说，生活中的闲话家常过于琐碎，电影中的对话又太过造作。只是他不由自主地不断想起电影中的男主角——那男人起码是因为一段新恋情而抛妻弃子，自己却是那样百无聊赖，好像只为了出走而出走而已。

没有轰轰烈烈的情感，没有一个可以解释的理由，没有爱，没有恨，只有一股莫名其妙，一种迫不得已的感觉。

连中年危机都不像，完全没有拼命捕捉青春尾巴的渴望。

一位性感十足的女士走过，他只不经意地望一眼，完全没有半点遐想。

真糟糕，连婚外情的冲击都没有，迷失在大都市的夜市里，一个离家出走的中年男人，突然发现，自己仍是一个赌气的小男孩：赌了半辈子气，连发作的机会都没有。

走出家门时的那股兴奋，坐在小公寓里那种优悠自在，那种以为重见天日的喜悦，突然像被冷水从头泼下，变成落汤鸡似的。

唯一得意之处，是终于成功地出走了。

女儿的故事

爸爸走了，佩佩肯定他是被妈妈逼走的。

但是见到母亲满脸焦急，她又无法责怪她，甚至要设法安慰她。

可是一个刚刚被丈夫抛弃的女人，身上带着的那股忧虑，像电波一样散发：旁人勿近。

佩佩隔着墙壁，在自己房间里都能感觉到母亲的心情，一点一滴地渗入她的空间、她的肌肤、她的心脏，成为了她的呼吸。

二十多岁的女儿，没有一天不曾感觉到母亲的落寞。打从六七岁开始吧，她就习惯不停地观察母亲的脸色。母亲喜欢坐在妆台前照镜，镜中是一张完美的脸蛋儿，佩佩自小就爱把自己的小脸儿挤在镜的下角，眼瞪瞪地看着母亲。

母亲实在美丽，只是那锁着的眉头，一天比一天紧。

佩佩五岁那年，弟弟出世了。

儿子的来临，为母亲的脸添上了一份喜悦。那时母亲终日陪伴着弟弟，佩佩跟在母亲脚后，继续忠心地为她守望。但是母亲好像没有注意到她，心里只有弟弟。

佩佩渐渐地学会与父亲接近，那不多话的父亲，与也是沉静的佩佩搭配得很好。

母亲有时与女友在电话中交谈三个小时，佩佩就静静地坐在父亲身旁，继续眼瞪瞪地瞧着他们。

父母虽然很少争吵，却不谈话。

渐渐地，佩佩成为他们的转话站。

父母都在室内，父亲却习惯地问佩佩："今夜我们去哪儿吃饭？"

佩佩便问母亲："爸爸问你今夜到哪儿吃饭？"

母亲愈来愈爱清洁，一天扫地两次，双手不停浸在水里，浸到脱皮。

佩佩再也不能安静地与父亲坐着，母亲不停地监视他们是否把地面弄脏了，或是父亲的烟灰缸是否满溢了。

佩佩不知道父母之间发生了什么问题，只感到一股阻力、一种危机，把家里每个人罩住。

她不断地为他们制造话题，引他们笑，这个角色令她很倦，而且愈演得投入，愈失掉自己。与弟弟一同长大，弟弟是那样地无忧无虑，家中的一切好像与他无关。他并非没有察觉到父母的貌合神离，只是外面的世界太吸引他，他的日子充满户外的阳光，他双眼望的是远方。

佩佩的视野只留在母亲那深锁的愁眉，母亲的眉心打不开，佩佩的世界也就阴霾满布。

弟弟出国，追女朋友，海阔天空。

佩佩却一直没有离开家门，忠心地守在母亲身旁。但母亲每次牵肠挂肚地与儿子通长途电话时，都没有看到女儿冷眼旁观的落寞。

佩佩开始消沉，足不出门，母亲的脸是她的全部世界。小时候眼睛习惯了不停地看母亲，现在她很少正眼望她；但是母亲的脸已经深深地烙在她心上，不用看，都能接收母亲的全部反应。

她拼命要摆脱，要逃走，但是她知道，她会为这张脸作任何牺牲。

逃不掉，又受不了，佩佩开始暴食，食物是她唯一的慰藉。

本来不起眼的女孩，一天天地把自己塞得肥胖，起码让身体霸占空间，让母亲不能再忽视下去。

佩佩想起那段日子，也不禁心寒，天天在食物上与父母搏斗。他们把她的食物丢了，她偷偷地又收藏起来，人们都说她疯了，最后父母把她送到澳洲跟姑姑住。在一个资深的心理治疗师的细心治疗下，终于慢慢找回自己的视野。

但是父亲走了，母亲立刻想到女儿。

母亲一招手，佩佩便千里迢迢地赶回来。

离开了一段日子，佩佩更加感到母亲焦虑时的杀伤力。她对母亲说："我不想伤害你，但是我一定不会继续做你的传话人，我小时候只有一个心愿，就是要把你们拉拢起来。这个差使我一直都做得不成功，我一定要把这包袱放下；不然，我这五年来的心理治疗就会前功尽弃。"

问题是，说是这样说，佩佩怎能真的放下这个挑起多年的重任？偏偏父亲走了，谁都找不到他，只有佩佩一人可以与他联络。

多年相伴的父女，不用多言也有他们的默契。佩佩是聪明人，一早就看得出父母关系的问题，并不容易解决。

她离开澳洲时，心理治疗师就千叮万嘱："千万别走回那铁三角的位置。"

但是，快三十岁的成人，心中却躲藏着一个仍是六岁女孩的心思：一看到母亲容颜憔悴，便飞身抢救，佩佩无法制止自己。

母亲只要稍施压力，佩佩便倾囊而出，所有答应为父亲隐藏的秘密，一桩桩地和盘托出。也不知道是生自己还是母亲的气，她故意夸大一些事实，让母亲听得心急如焚。

母与女，爱恨交加，分不开，像连体婴一样不能动弹。

佩佩走回自己房间，大包小袋的食物，大把大把地往口里送，塞得不能呼吸，头昏脑涨，几乎窒息。

然后冲入厕所，大吐特吐。

男人，女人

有人说，男人来自火星，女人来自金星，他们是截然不同的人物。持这论调的作者 John Gray，写了一本叫作《男人来自火星，女人来自金星》（*Men are from Mars*，*Women are from Venus*）的书，是北美的最畅销书之一，甚至开设连锁婚姻辅导所，像麦当劳汉堡包一样，你只要注册做它的连锁店，就可以采用它的商标与产品。

但是，要制造汉堡包容易，要制造标准男女却是另一回事，而最大的一个争议是：男女真的那样不同吗？

男女之别，是个历久不衰的争论议题。

遇上北京女子大学的两位教授来港授课，谈到中国女子在父系社会中历代以来所受到的压迫。

谁强谁弱？当然是观点与角度的问题，但是关于哪一个观点、谁人的角度，却是十分有趣的争议。

中国的妇女研究，其实比起亚洲其他国家并不落后。主要因为欧美对中国社会体制的兴趣浓厚，同时获得福特基金会的大量支持。妇女研究与妇解运动并非同一回事，虽然后者会或多或少地影响前者的取向及命题。

我常认为，外国人对中国妇女的认识，是十分片面的。尤其是几位专注于妇女研究的美国同事，她们都以为中国女性都是瓷娃娃，一戳即破；又或者以“蝴蝶夫人”[①]为样本，以为亚洲女人都会为男人而剖腹；要不就是杀女婴的凶手。

中国妇女所扮演的角色，其实是多层次的。

孙隆基在《中国文化的深层结构》中，特别提到中国无“性”的文化。当然，他并非把“性”理解为生殖功能（人人都知道我们国家在这一方面是十分发达的），而是“Sexuality”。这个词没有适当的中文译词，大概可称为一种“性感”。这种官能上两性相悦的男女社交规则，在外国是一项历史悠久的大企业。十多岁的青年人就知道要取悦异性，男的要扮绅士，女的要装淑女，角色分配鲜明，社会性别明显。

但是外国这种男女 courtship 的游戏，却严重地造就了妇解运动所指责的女性为取悦于男性而活的心态。

相比之下，中国人没有 Chevalier（西方骑士）那种男人把斗篷放在泥地上让女人走路的传统。虽然不够浪漫，其实也有好处，起码造成两性角色分别不大。孙隆基认为，中国人“无性别”，戏台上的男性大多阴阳怪气，女的又是身材平板尽量不让自己显眼。就因为如此，中国女子其实并不像外国女性一般重视男人的赞赏。即使出嫁从夫，老来从子，却也造就了女性善用策略的专长，名义上是从夫从子，实际上可能是夫从子顺。

经历了五千年父系社会的体制，女性的生存能力甚强，相比之下，反而是男性的定力不足。最近听一位心理学家分析中国男士的心态，他认

---

① 《蝴蝶夫人》是歌剧名著，西方人常以剧中女主角为亚洲女性版本。——作者注

为，我们的男人其实很懒惰，中国文学中极少男人追求女人的例子，反而大多是女性投怀送抱，不是报恩而来，就是送子而至，男的总是坐享其成。古书《野叟曝言》所形容的男士尤其可恶。一个叫文白的男人，他的每一桩风流艳事，都是在"迫不得已"的情况下发生。女士们为了与他亲近，不是把他灌醉，就是趁他生病时，偷偷地把他抬到自己床上，或捉着不省人事的他成亲。他清醒后又大番道理，千般推卸，害得那些千娇百媚的女士，又要上吊，又要投河，文白为了拯救这大伙儿的性命，才"免为其难"收了她们，以至妻妾成群。即使是《西厢记》一类的大胆之作，男主角也是寸步不移，顶多是细心观察，"隔墙花影动，疑是玉人来"。

窈窕淑女，君子好逑，但是求而不得时，也只是辗转反侧睡得不安宁而已，绝少有提到男人爬上床来有所行动；像法国名著《危险关系》(*Dangerous Liaisons*)那种描写两性互相征服，以至生死不顾的求偶艺术，中国男士绝对不会费上这番力气追随。

因此，外国妇女所追求的解放，与中国妇女是不相同的。中国妇女的最大敌人不是男人，而是保守的传统观念。很多人以为传统观念是男性的创作，其实传统观念可以持久，很大部分是因为受到女性的保护及维持。

外国研究家庭暴力的案例，大多涉及男人打女人。我自己在香港看到的例子，却有不少是女人打男人。日前也看到一位同学带来的案例：一个男人在辅导员面前投诉被妻子虐待，这男子长得并不矮小，对着妻子恨得牙痒痒，粗口骂个不停，甚至自动把外衣脱掉向辅导员证实身体上的伤痕。妻子却说："是你自己煎鱼时被油溅伤罢了。"

作为中国妇女的一分子，我很好奇中国妇女怎样在强权下取得优势，而取得优势后，又怎样去处理那种高处不胜寒的孤单？

其实，妇女研究不可脱离对男士的研究，因为不论他们来自火星还是金星，现在急切的问题，就是彼此怎样好好地相处。男女的发展是相辅相成的，如果这时代盛产女强人，一定是因为多了窝囊的男人。

如果男女关系继续这样不平衡，未来将会出现更多痴男怨女。

忧郁症灵丹

忧郁是个时代病。

甚至有人说，它是二十一世纪的新“癌症”。

在北美洲，因忧郁而入院治疗的病人，远远超过其他心理病的数目。

忧郁究竟有多可怕？

有人形容，它像一只巨大的黑蜘蛛，盘踞在你心底，让你浑浑噩噩、无精打采，只感到千斤重担压在心头，让你无限恐惧，却又不知道恐惧些什么。

其实忧郁是一种情绪困扰(Mood Disorders)，它的病征，除了单向的情绪低落，也会在低落之余，同时产生过度活跃的双向反应，一下子消沉得毫无生气，一下子又精力旺盛，无法自控；很多著名艺术家，如梵高、高更、米开朗基罗、柴可夫斯基等，都属于后者。

这种称为躁郁(Manic-Depressive)的病态，往往与艺术创作联结在一起。

只是大半忧郁病患者，都是消沉居多，情绪低落、不能振作、失眠、失去食欲、自怨自艾、自责，甚至有自杀倾向，连做人的基本欲望都没有，别说什么艺术创作。

在我们这个万事求快的社会里，处理忧郁症的方式，一般都是用药。

然而，这是一个十分复杂的心理问题，综合了生理、心理、情绪，甚至文化各种因素。

业界人士对忧郁症的看法，也是不断地改变。

早期心理分析的取向，认为忧郁是因愤怒不能外发，变成内在的一股怨气所致；加上儿童幼时与父母关系所经历的失落或缺负，造成一种潜意识作用，影响了人际之间的交往关系。

但心理分析需要长时间的治疗，于是后期的心理治疗界，倾向发展一些短期的治疗方式，例如行为治疗、认知治疗，或人际关系的治疗，都是以各种方式去解决或纠正一些行为上与思想上的偏差，直接地处理病人对疾病的表达方式与信念。

以上的治疗手法，大都由病人本身直接入手。

在过去二十年间，是生物学与药物学的全盛期，什么病征或个人的行为，都可以由一个人的基因蓝图去解释。我们知道在大脑内有一种叫作“5-羟色胺”的化学作用，一个人有多快乐，全凭这个5-羟色胺的水平，因此，也有人称这为“快乐”的化学剂，很多抗忧郁药，都具有提高这“快乐化学剂”的作用。

药物治疗，有时真有起死回生的功效。但是药物常有副作用。根据美国消费者公会在一九九五年发表的一项报告，对于处理忧郁症，心理治疗与药物治疗的功效相等，而前者却没有副作用。

这项报告证明了心理治疗家一直知道的道理：忧郁症往往受四周环境和人际关系发生的问题牵引。

从系统的角度看忧郁症，你就会发觉，家庭、工作单位，以及整个社会的大文化环境，都会决定性地影响一个人的情绪反应。

成人的忧郁症，其实最好是从夫妇关系入手，因为对于患有忧郁症的人而言，他的亲密伴侣，往往也是他最重要的治疗师，有伴同行，要比孤军独战有效得多。

善于处理夫妇关系的家庭治疗师 Peggy Papp，认为男女之间由于性别不同，发病的原因与表达方式也不一样。

例如，女性忧郁症患者，往往与家庭，尤其是夫妇关系有关，她们本身的自我价值(self-esteem)或自我评价，也是与身旁的人息息相关。

这种深受旁人影响的自我发展，与女性性别角色的发展是互相牵引的。Papp 认为，女性无论在事业或家庭关系中所扮演的角色，都是以照顾旁人为主；照顾不来，就会被认为有负众望，因此，斩断任何重要关系，都是造成女性忧郁的一个大因素。

男性的自我意识，却往往基于工作或个人表现。升多少级、赚多少钱、拥有多大权力、运动如何了得，或多受女性崇拜，这些雄性作风的期望，往往令男士忘记了他们也十分需要在情感上依靠别人，一旦遇到工作上的挫折，又无法向身边的人吐苦水，就是男性忧郁的最大原因。

而男女最大的分别，就是遇上困难时，女性往往希望找个亲密的人倾诉，男性却只能憋在心里。

Papp 的治疗方法，是协助男女了解不同性别的不同需要，让他们明白女性与男性各有来自性别文化的基本信念，这些信念有时会严重地影响男女之间的沟通形式。

打通一些被旧观念淤塞着的渠道，男女就可以真正地接触到对方。“真正接触”对方，是通向亲密关系的必经之路。

Papp 的这套男女理论，不知道是否适用于中国社会(有人说，中国女性有时比男人更具雄性思想)。不过，能够拥有亲密关系，无论对哪种忧郁症，都是上乘之药。

为你而改变

两年前在北京见过一个个案。

那是一对中年夫妇，丈夫因为生意失败，患上严重忧郁症，成为精神病院的常客。北京的精神病院有个很特别的规例，就是丈夫生病，妻子也要陪同住院。

我会见这对夫妇时，他们已经在医院生活了一年。丈夫好像十分习惯扮演病人的角色，与他谈话，他只顾自说自话，一桩又一桩地细诉过去的不幸。

我只好从妻子入手。我问她："我明白你先生为什么要过医院的生活，但是我不明白，你一个正常人要在精神病院生活一年，究竟是怎样的一种感觉？"

当时那位太太给我的感觉，是个典型的贤妻良母，她说："丈夫有事，做妻子的一定要陪伴，那是天经地义。"

没想过了几天，她突然一反常态，对丈夫说如果他再不出院，她便会离他而去。丈夫听到妻子要走，立即乖乖地陪她离开医院，再也不敢继续做病人。

一年后我再到北京讲学，那对夫妇又再要求见我。

隔别一年,妻子打扮得十分怡人,令我眼前一亮,一点也不像去年那毫无主见的旧式女性,丈夫跟在她身后,仍旧垂头丧气,不是埋怨这里不舒服,就是那里不妥当。

这次妻子可不再像去年那样容易妥协,她说:“丈夫虽然出院了,但是在家里什么都不肯干,什么都嫌烦。再这样下去,我也挨不住了。”有趣的是,丈夫本来唉声叹气,一脸病态,但是愈听妻子与我谈话,愈是紧张起来,到最后,他说:“其实我也没有什么大病,心烦时吃半片镇静剂就没有事了。”

当时很多参与这次治疗示范的同学,都问我是否在搞女权运动,为什么如此支持那妻子?

我说:“我并不是搞女运,我做的其实是十分道地的家庭治疗工作。”

因为治疗的目的是让病人早日出院,而要让这位丈夫离开医院,最好是从妻子入手,因为他不一定愿意为自己而出院,但也许会为妻子而痊愈起来。家人是病人最好的治疗师,这里说的并不单指支持,有时用一点激将法,制造一种新危机,也会为人打开一线新天地。

我们那年在纽约 Minuchin Center For the Family 举行的暑期训练,就是集中在这个题材上。

家人是互相塑造的,除非你独自活在另一个星球,否则绝对没有“个人”这回事。但我们同时活在一个药物时代,基因及遗传因子的种种新发现,告诉我们一切人的行为与问题都可能是与生俱来,一早就存在我们的生理蓝图中。

即使科学的重点愈来愈集中于个人,但是,只要有多过一个人,就会产生新的可能性,就会互相补足、互相抵偿或互相扩展。

只是这个简单的人际关系道理,我们很容易就会忘记。

我们往往以为人只能改变自己，其实改变我们最多的是别人，一些人所造成的形势，往往让我们不能不改变。身不由己的道理，大概就是如此。

为你所重视的人而改变自己，是一份最好的礼物。

某些自以为是的卫道之士，会以为改变自己是对人让步，是迷失自我，其实那是十分陈旧的看法。

“我愿意为你而改变”，是婚姻关系的重要元素。

如果一个人与另一人相处了一段时期，竟然完全没有受对方影响，那么他们之间一定是没有产生任何化学作用。

人是不断地改变的，而最有人情味的改变，是为你而变！

在家庭治疗的领域里，我们往往会把个人问题演化为关系的问题，因为靠自己的力量改变难，靠他人的力量改变易。而且有时问题的产生，是因为有人不经意地维持着它的存在。

例如上述北京的那位先生，他的妻子如果继续心甘情愿地陪他住院，他这个“病人”便会毫无疑问地继续当下去。但是，要求对方改变，并非一面倒的过程，而是一个你为我变、我为你变的互相承诺。那是一种共处的艺术，不是盲目的单方要求，更不是权力斗争。

我虽然成功地让那妻子激发丈夫出院，但是第二次见面时，明显地，这对夫妇出现了一个女强男弱的形势。如果没有适当的辅导跟进，妻子极可能真的下堂而去，留下丈夫一人，到时他不想忧郁也不行。

我并不是说婚姻辅导有起死回生的效能，只是如果这段婚姻出现危机，这位先生最好还是及早面对。

人在纽约，不知为何想起这对北京夫妇，也许因为题材的吻合，也许因为这是一个易学难精的课程。

比如有个你，加上一个我，两个独立自主的人，到老不相欠。但是如果我给你一点，你取我一把；我在你身上看到我，你在我身上看到你——我再不是我，你也再不是你，纠缠不清之余，那才是人与人关系所擦出的最大火花。

没有长大的婚姻

这对夫妇刚坐下,女的就对我说:“我忍受不了这段婚姻,他心中完全没有我,两个女儿都站在他一方,把我当作家中的恶人……”

男的立刻反驳:“两个女儿一点问题也没有,就是你不肯放松,她们才对你不满。”

女:“我这次来找辅导并非因为女儿,主要是你的问题……”

男:“我有什么问题?”

女:“每天在网上与人交谈,一下班就上网,难道不是问题?”

男:“我每天要回答二百封网上邮件,当然需要时间。”

女:“每周与女同事上酒吧,她已经是有夫之妇,还有一个儿子,那不是问题?”

男:“我与女同事上酒吧,谈的是公事。如果有私隐,我就不会这样公开地让你知道。”

女:“我不能接受!”

男:“你嫁我时就知道我是这样的性格,怎么现在才要求我改变?”

女:“我一早就知道当初嫁错了你,才会弄到这般不堪。”

你一言,我一语,类似这对夫妇的对话场景,我在香港、台湾都见过多次;没想刚回到纽约,又是同一场景。

我心中暗想,怎么我们的中国夫妇,有如此能力把婚姻关系演化成最骇人的恐怖电影?试想他们的子女,生活在这种潜移默化的怨恨中,对婚姻生活将抱有何等恐惧?

最有趣的是,男的坚持他性格一向如此,绝对不肯为对方改变:要改的话,就找律师办离婚手续去。女的也坚持当初昏了眼,“当初不是可怜你没出息,就不会放弃其他比你优胜的男朋友,而选择了你!”

一个是我本来就是如此,一个是悔不当初。

我问他们:“你们结婚多久?”

“二十五年!”

二十五年?怎么他们仍停留在原始阶段?老天爷,这么多年来,他们可曾为自己的婚姻作过任何调整?

两人结合,他们的第一个“孩子”,就是婚姻!

这“孩子”与其他孩子一样,需要照顾,需要爱护,需要父母刻意地栽培。

因为婚姻与其他孩子一样,会病、会痛,甚至会死亡。

因此,无论我们当初为了什么理由而结合,如果要把婚姻这“孩子”带好,就要关注它的成长。

婚姻是所有家庭的“长子”,你把它带领得好,它就会成为你最得力的助手,为你打点一切,你所有其他孩子都会在它的熏陶下健康长大。

但是婚姻也是一个最容易长不大的“顽童”,当它遇到阻滞,或是营养不良时,所有人都会被它的病痛影响。

要为一段婚姻诊病,首先要知道夫妇二人怎样对待婚姻这个“孩子”。例如上述这对夫妇,两人都是死守着一个不能变动的位置,他们的婚姻已遍体鳞伤，长满毒瘤，在他们面前奄奄一息；但是他们看到的，只是指向对方的一股怨恨。

我问他们："你们都是专业人士，对别人照顾有加，为什么完全忽略了自己的婚姻？"

他们望着我，久久不能回答。

女的继续解释她对丈夫失望的理由。

男的却突然一反常态，说："也许我上网、不断找女同事倾谈，是因为我与妻子无法交谈之故。"

他继续说："妻子觉得我没有一件事做得对，她不但控制女儿，也控制了我……"

女的反驳："我的确比他能干，赚钱比他多、升级比他快……"

男的别过脸没作声，但表情明显在说："你这么有本领，就自己继续本领下去！"

不知何故，女人愈能干，男人便愈消极；也不知是否因为男人愈来愈消极，才造成女人愈来愈能干。

这种不平衡的夫妇形势，不知制造了多少痴男怨女。

夫妇关系一旦成为互比强弱的战场，就只有怨恨，再也没有相处之道可言。

他们已经十多年没有行房。

女的说："我绝对不介意！"

只是她铁硬的脸上，隐现着一股不被爱惜的苦涩，眼泪不停地涌出。

男的眼睛望着地上。

我问他："你有多久没有看她的脸？"

他苦笑："很久很久了。"

我提议说："试试看她，看看那是一张怎样的脸。"

他勉强地转头望她，说："一张十分不开心的脸。"

我又问："你愿意为她做些减轻她痛苦的事吗？"

他犹豫了好久，终于站起来，把妻子拥在怀中。本来怨气冲天的一个大女人，渐渐地像绵羊一样靠在丈夫身上。

起初，我还以为，他们斗得那么你死我活，其婚姻已经无可救药，却原来两个口硬的人，骨子里仍是期待着对方的爱护。

婚姻是需要成长的，千万别以五十年不变的态度来看待婚姻，因为长不大的婚姻，将会成为你的诅咒。

婚姻是你们的第一个"孩子"，请仔细观察你是否忽视了它的成长，

假如你爱我

不耐烦地等着带我十岁的侄女出门。

她一边穿鞋子，一边说："假如你爱我，你就会耐心等我。"

不知道这小妮子从哪儿学来这般陈腔滥调，还是这种"假如你爱我，就会为我如此这般"的想法，是从小就养成？

我自己在小时候，鞋底破了，不会问父亲拿钱买新鞋子，反而特地做出各种姿态，故意把鞋底在他面前摇晃，如果父亲看到了，自己提议我去添新鞋，我就会十分快慰，知道他关心我；如果他看不到，甚至骂我坐不安定，我就会无限沮丧。

因为，假如父亲爱我，他就没有理由不知道我的需要！

这种心态，令很多女人在爱情及婚姻上尝尽苦头。因为爱你的人并非你肚子里的一条虫，无法理解你所有的需要，也不可能长期把关注集中在你身上。

女士们从何认为假如对方爱自己，就会对自己的心意明察秋毫？实在令人费解。以我看来，这种心态好像中国女人比外国女人更甚。但为何如此？却让我想来想去也想不透。

外国女人起码有骑士道的传统，对绅士派的作风有一定的幻想与要求。中国传统男人一向都缺乏白马王子的形象，但为什么很多女性同胞仍然要求自己的男人要具有如此细致的深情？

我在自己的临床经验里，遇到不少痴男怨女，双方对峙得像两只斗鸡，势不两立，但是寻根究底，女的往往都说，自己的要求不高，只要对方肯多给一分体贴，就会心满意足。

有一位妻子说，她的大半生，都在等待丈夫会为自己体贴地在亲友面前拉一次椅子。

表面看来，这夫妇两人都不是摩登人物，为何妻子对丈夫为自己拉椅子这种外国人的社交礼节如此看重？这究竟是被好莱坞的电影影响，造成新旧文化的冲击，还是受了本土爱情小说的熏陶？

我在台湾居住的日子，发觉台湾的少女，尤其充满这种不切实际的浪漫纯情。后来拜读琼瑶的小说，才明白为什么每个人都在刻意地塑造一个"窗外"式的少女形象，而小说中的婚姻，更是天荒地老，至死不渝，不沾人间烟火。

问题是，天荒地老人不老，其实是恐怖片的题材。听过 Oscar Wilde 的《美少年格雷的画像》(*The Picture of Dorian Gray*)这个故事吗？故事里的主人翁，与魔鬼立了约，永远保持青春，只是他收藏在密室的一幅自画像，却天天在衰老。

看了《还珠格格》这部红极一时的电视片，朋友问我："你有没有发觉，还珠格格这个人物，无论历尽多少风霜，多少人事折磨，她都依然故我，性格全无发展，由始至终全无成熟的迹象，只有单一的心态？"

也许这"还珠格格症状"，正是东方的 Dorian Gray 故事。主角永远不用长大；如果你不知道密室中的画像，你不会明白眼前那股青春，背后隐藏着多少腐化。

“假如你爱我”，是一个制止女性成长的陷阱，一副让你看不到天日的有色眼镜。

最近见到一对夫妇。

丈夫说：“做男人其实很苦，在外面备受压力，回家稍有差池，太太就认为我不够体贴，她什么时候要喝水，什么时候要牙签，都要我不言而悟。”

太太却说：“如果这样微小的事情都要我提出要求，你还算关心我吗？”

又是一个“假如你爱我，就应该不用我说，也知道我的需要”的例子。

这对夫妇结婚十八年，女儿因为藏毒而进入戒毒院，家中要面对重重困难，但是他们的心态，却仍保留在原始的状态。

我想起自己在谈恋爱，以至结婚初期，也曾经是这“假如你爱我，就会如此这般”的信徒。但是随着年长，日趋成熟，就会明白此路不通。何必为自己添来无端苦恼，让自己白白错过很多好时光？

我认识一个男人，宁愿给你种花，也不肯为你购买一束鲜花；而这男人，正是我的丈夫。

他教会我一个道理：与其因此而烦恼，不如买的也好，种的也好，通杀！

他忘掉我的生日，我就用他的信用卡为自己买一份本来舍不得买的礼物。

他不够体贴时，我就设法自娱。

有一回，他因为大意而损失了一笔钱，我问清数目后，就说：“也好，我也可以花掉同一数目的钱了！”

也许有人觉得这是一种阿 Q 精神，我却认为这是婚姻工程需要具有的体育道德。

因为，假如你爱我，就不会把我放在象牙塔中，像养金丝雀似的爱护着。

人鬼情、闲情

问苍天,情为何物?

不知何故,每当人类搞不清问题,总爱向天求问。

其实苍天最无情,因为天若有情天亦老。要知道情为何物,不如问鬼去。

恰巧大学泰语系放映了一部泰国影片《鬼妻》,我听过这部电影,但是一直没有机会观看,因此一接到通告,便赶到放映的场地。

谁知这部影片完全没有翻译字幕,真的是为泰语系的学生而放映的。

我看得糊涂,只见一个烟雾弥漫的村落,一所筑在水边的竹棚草庐。一个清秀的女子,抱着一个小男孩,静默地依着一个壮健的男人,一同生活。

好在没有太多对话,一家三口,生活平常,男的干活,女的烧饭,一片寂静安详。只有水泽中的鳄鱼,或水蛇,在四周穿插,溅起无限水花;或是天雨绵绵,触动了芭蕉叶,沙沙作响闹个不停。

我心想,这影片大概只是描写一些泰国农村生活景况,像幅水墨画,就是稍为闷了一点吧。不知道是否要看下去,便随手拿起一份简介看看，才知道这个故事的男主角叫亚曼，他被征召去打仗。怀孕的妻子在分娩时因难产而去世，但是她不甘心就此离去，死后仍带着孩子等待丈夫回来。

亚曼真的回来了，高高兴兴地与妻儿共聚，继续一家人的生活，一点也没有察觉到妻儿一早已经死去。虽然村民不停地提醒他，他就是没有听进去。

我所看到的平常生活，原来是一段人鬼恋。

但这不是一般的人鬼相恋故事。

它最令人惊心动魄之处，是当亚曼终于发现自己与鬼同居，吓得走入庙宇求助，而村民又联伙开棺毁尸，赶尽杀绝之时，女鬼抱着婴孩，锲而不舍，一直追到庙宇，不明白男人为何抛妻弃子而去。

她那无助的眼神、一脸的不甘心、一腔投诉、一股脑儿的执着、一种被生命及爱人抛弃的苦涩，化成一种声嘶力竭的叫喊，冤魂不息。棺木被打开了，她仍抱着孩子，苦苦呼唤丈夫的名字。多少道士和尚都没法让她安息而去。

到最后，亚曼也忍不住向亡妻伸手，一下短暂的握手，跟着就是阴阳隔别。妻子的手仍然不能放下，刻骨铭心地不断叫着亚曼！亚曼！

一声比一声缠绵，一声比一声凄惨。

亚曼！亚曼！亚曼！

一声比一声断肠！

这才发觉，我并不需要懂得泰语，因为所有语言的表达都不再重要，一声“亚曼”，便已千军万马，喊出一种对情的坚贞不渝。那一股柔情，至死不休！

如此原始而又单纯的情感，把我触动得不能自已，久久不能平复。

人鬼殊途，偏有如此执着的女鬼，为我们喊出声声哀怨。

相比之下，人间的痴男怨女，就是缺乏那一股纯情，怪不得《聊斋》的蒲松龄宁愿听孤墓鬼唱歌，也不沾人间烟火。

因为现代的夫妇情怀，实在以柴米油盐为主体。一般夫妇都是全职工作，回家还要照顾孩子，打理家务，二人世界的空间实在有限，能够睡眠充足已经十分满足，遑论谈情。

婚姻治疗家 Peggy Papp 在她的一本新书《悬崖上的夫妇》中，引用一对夫妇的对话作开场白：

丈夫说："我再也不知道怎样做男人才对，在工作时，别人对我的要求是积极进取、有主见、有办事能力，而且不要流露情感；但是回到家里，太太又要求我够温柔、够敏感，要勇于表达自己的感觉。我实在不知道怎样才是一个男人的形象。"

妻子说："谈情说爱？我哪有时间去谈情说爱？在我的工作单位我是主管，在家里我是母亲，对我生病的母亲来说，我是护士。家中所有吃喝玩乐、社交安排、婚嫁或死人，都得由我包办处理——我可以留给自己的时间一点也没有，哪有时间留给丈夫！"

二十一世纪的男女关系，的确是复杂得令人难以掌握。社会的转变、男女角色的移位、经济压力及大时代的压迫感，往往把人的时间和精力消磨得难以掌握。

情，是要在悠闲的时候进行的，所以叫作"闲情"。

也许要有泰国水乡的恬静，才有女鬼至死不休的情怀。没有闲情，即使身处充满浪漫的烛光晚宴，结果也只有两张倦得一塌糊涂的脸相对着，稍有对答上的差错，便火气攻心，认为对方不够谅解，最后不欢而散！

也许我们都得为自己找回一份闲情，然后送给至爱！

父亲有外遇

父亲有外遇，是一个比丈夫有外遇更难处理的问题。

是自己丈夫的话，起码要打要骂要斩要杀都可以自行了断；是父亲的话，则牵连着一重又一重复杂的关系，结上加结，解也解不完。

偏偏是父亲有婚外情，一点也不出奇，而且不受年龄限制，七八十岁的老头儿，一样可以昏了头，爱得如痴如醉。

女友告诉我，她九岁时就试过追着往外跑的父亲，追出好几条街，为母亲捉拿那不安于室的男人。

她说："我十岁时做过一个梦，梦见自己拿着刀要把父亲阉割。"

人到中年，她仍不能放下看守父亲的责任。小时候她怕父亲，现在父亲倒过来怕她。七十岁的老人，仍然在女儿看守严密的眼光下偷偷摸摸，像个野性的孩子，仿佛女儿变成了他的母亲。

我们上一辈的父亲，实在有太多风流成性的男人，尤其家境富裕的一群，寻花问柳就像抽大烟一样，是戒不掉的习惯。

另一朋友的父亲，见到女人就会不由自主地手痒起来，在外闹得天翻地覆；不准他出门，他便会向佣人下手。妻子虽然成功地阻止其他女人入门，但是在男人去世时，奔丧的子女群突然多了十个素未谋面的弟弟妹妹，而且已成功地暗中取得合法地位，全部等着分家产。

朋友丧母哀伤之余，对父亲更是加添一份新仇旧恨。

为什么父亲会临老不尊？

为什么不能与母亲同偕白首？

这是很多成年子女的一个情结。

有趣的是，临老不尊并非等于不能同偕白首，喜欢追女人的父亲，很多都没有打算与妻子分手，甚至千方百计地把妻子留住，不让她轻易下堂而去。

根据优生学的研究，男女都不是感情专一的动物，只是我们的社会观念，一直放纵着男人的多妻天性，却没有鼓励女人水性杨花，即使两性的生理结构都不是只为一个性伴侣而设计的。

从家庭关系看父亲的婚外情，更是千丝万缕，没有一个儿女容易接受平时道貌岸然的父亲有出轨行为。

为母亲抱不平，是最自然的反应。

在纽约的老同学对我说："去年父亲心脏病发作，几乎病逝。父亲本来已经搬走与女友同住，这次生病入院，他的女友每次见到我们与母亲一同来探病，便远远地躲开。"

她说："其实父亲在晚年找到这样一个红颜知己，我知道应该为他高兴，可是一看到孤单的母亲落寞不欢，就无法接受他的移情别恋。"

上一代的恩怨，做下一代的总是忍不住插手。

我今天就在诊所碰到三个因为父亲有新欢，而为母亲奔走的姐弟，三个人都是甚有主张的专业人士，却被父亲的事弄得一筹莫展。

父亲恋上公司职员，母亲心碎莫名。

儿子问我："你见过这样的个案吗？"

我笑说:“在香港,这种事情几乎发生在每一个机构内!”

问题是,应该由母亲处理的难题,在我们的家庭文化里,却往往落在儿女身上。

要处理上一代的纠缠,实在非读《孙子兵法》不可,否则即使有千军万马,一样会一败涂地。

因为,怎样叫一个心猿意马的男人(或女人!)收缰,实在难之又难。加上我们父亲的一辈都是理直气壮,认为男人玩女人是天经地义——即使他们愿意在儿女面前认理亏,又怎会轻易放弃这一生最后的一春?

想起一部旧电影,由 Peter Sellers 扮演一个老去的唐璜,吃过亏后决定关起门来不打女人主意;但是当年轻的女佣为他送来茶点时,他忍不住又伸手拧她屁股。

本来颓丧的老头竟然又找到生气,他说:“你也许认为这行为毫无意义,但是它让我又再年轻起来,即使只有一刹那!”

最厉害的对策,是一个女友的母亲发现丈夫恋上年轻女子时,她不动声色,把全部子女招回家来吃晚饭,然后郑重宣布:“你们的父亲已经另有新欢,我请你们做个见证,如果他放不下那女人,就请他立即离开我们,不要回来。”

父亲一声不响,儿女全部向他瞪眼。母亲宣布完毕,无限得意地吃她的饭。只是要做到朋友母亲这样干净利落,等闲之辈又怎有这种功力?父亲最后是否真的就范,不得而知。

但朋友的母亲起码没有把这苦差留给儿女,一切秘密都摆在眼前,痛快淋漓,搭救了几个儿女,值得叫人向她敬礼。

另一女人周

美国一个电视台制作了一个很有趣的节目，称为《另一女人周》(*The Other Woman Week*)！

顾名思义，整个片集的内容都是报道几个介入婚外情的女人，每天介绍一人，一周以来，一共五人。

五人当中，有玛丽莲·梦露、伊丽莎白·泰勒、索菲亚·罗兰、凯瑟琳·赫本。原来这些风华绝代的明星，全部都曾经在现实生活里扮演过“另一女人”的角色。

梦露与已故美国总统肯尼迪的私情，是个公开的秘密。当克林顿爆出丑闻时，很多人都引用梦露与肯尼迪为先例。只是有人指出，肯尼迪的女人，全部都是国色天香，单是论品味，克林顿就拍马不及。

这当然是十分大男人主义的论调——婚外情的道德法庭，原来有很大成分是根据另一女人多有韵味而下判断的。

例如结过七次婚的泰勒，其中起码有两次是夺人所爱。一次是抢走了好友黛比·雷诺兹的丈夫艾迪·费舍尔，一次是促使已婚的理查德·伯顿为她抛妻弃子。但是泰勒是天下第一美女，舆论虽然不认同她的所为，但是很快就不再计较，依然是万千宠爱在一身。

索菲亚·罗兰爱上她的导演庞帝，但是庞帝早有妻室，而意大利是天主教国家，没有离婚这一回事；二人几经艰辛，都没法让自己的国家接受他们的婚姻关系。最后，连庞帝的妻子都同情他们的遭遇，结果三人一同脱离意大利国籍，才成功在别的国家办理离婚和结婚手续。

有情人终成眷属，每个人都为这对新夫妇庆贺，绝对没有人责怪罗兰横刀夺爱。庞帝是个矮子，走起路来让身材高大的罗兰夹在腋窝下，十分有趣。罗兰对他实在一往情深，面对这般难得的“另一女人”，连结发妻子都不得不让步。

凯瑟琳·赫本是黑白片时代的影后，她与斯宾塞·屈塞的恋情，由银幕上演到银幕下，两人在观众心中是无可疑问的天生一对，没有人愿意记得男的其实是个有妇之夫。

可见我们对“另一女人”的评价，其实是充满着不平等的封建思想：一个女人的美貌和成就，往往可以抵消大众道德的排斥；而平平无奇的女人，要是与别人的男人扯上关系，就会被骂作“贱货”。

最违反逻辑的是片集中的第五个“另一女人”。与正室妻子比较，她不但毫无光彩，而且要年长十多岁。

妻子是个童话中的公主，光华四射；情人却风尘仆仆，世故而尖酸。

但是妻子即使赢得整个世界的爱，却始终得不到丈夫的心。

这个著名的“另一女人”是谁?

当然是英国查尔斯王子的女友卡米拉。

片集中的其他四个女人，都是星光熠熠，仪态万千。独是卡米拉，除了骑在马上时稍有威风外，其他出现在荧幕的时候，都显得神色慌张，头发凌乱，不知所措。

比起光芒万丈的戴安娜王妃，卡米拉真的像个巫婆。偏偏这位王子不爱美人，只爱一个平凡妇人。个中当然有很多外人无法明了的奥妙。

有趣的是，这段当代有名的婚外情，把常人对婚外情的公式全部打破：不一定是年轻貌美的女人，才有能力抢夺别人的丈夫；也不一定要千娇百媚才可以系住男人的心。

“另一女人”其实并非女人的故事，同时也是男人的故事。

为什么有人不爱江山爱美人，又有人见了美人便转头溜走？为什么有人会为一个大众认为毫不出色的妇人卖命，却又对着泪眼汪汪的娇妻毫无怜香惜玉之心？

擦出火花的道理究竟在哪里？

答案不止一个，每一个不同的爱情故事，都为我们提供了它那独特的答案。

我现在才明白，为什么王子与公主的童话故事，总是在他们的婚礼完成时便结束。因为再发展下去，就是活生生的生活，再也难以涂上童话的色彩。

像戴安娜王妃与查尔斯王子，婚后一连串跟着来的是厌食症，是失望，是出卖与被出卖，是愤怒，是各走各路，是死亡。

我不知道为什么这片集特别选择这五个女人为“另一女人”的代表，如果目的是要为卡米拉翻案——因为戴安娜死后，很多英国人都迁怒卡米拉——那么把她插在星光灿烂的四人当中，只会让她显得“鸡立鹤群”，更令人怀疑查尔斯的品味。

但是如果在那荣华璀璨的群星簇拥下，你看到一个平凡的中年女人一样可以被爱得轰轰烈烈，也许会令你对男女关系多一分接纳，少一分批评。

我好奇地想，如果大陆也拍一部《另一女人周》，会是怎样的内容？

谁的问题？

还没有回到纽约，大卫已经打电话叫我千万别再延期，说他等不了。

大卫是我在纽约的搭档，我留在香港的时间愈长，他就愈不耐烦，我每年暑期去纽约，他都会预先为我安排一些个案。

等不了的其实不是他，而是一位来自上海的女士。她有个很特别的问题，就是不能达到性高潮。

性生活不调和，是婚姻辅导的重要一环，大卫是位资深的治疗师，怎么会被这样一个简单问题难倒？

说来有趣，大卫是个高大威猛的男士，原籍爱尔兰，他对男性的性问题，了如指掌；但是对女性的性感受，却只能纸上谈兵。加上这位女士是中国人，言语不通，问她什么时候第一次性交，她说十一岁。大卫吓了一跳，以为中国人怎么如此早熟，后来才知道，她以为他问她什么时候开始来月经。

如此阴差阳错，大卫与这女士竟也见面了数次。每次都是女士单独前来，她的丈夫从未出现。

只知道这对夫妇结婚五年，没有儿女，两年前这女士从上海到纽约来会夫，她丈夫是留学生，经济情况不差。女士说，她很爱她的丈夫，只是行房全无感觉，她不知道什么是性高潮。

大卫对她说：“我有个搭档，很快就会从香港回来，她会比我明白你的状况。”

那女士竟然乖乖地同意等我回来。

我是否真的比大卫更明白这位女士的状况，实在不得而知。我自己并没有“非我族类不能沟通”的观念。

恰巧北京的《风采》杂志请我撰写一些关于妇女性问题的文章，竟与大卫的个案不谋而合。

根据芝加哥大学一九九九年的一项调查显示，百分之四十三的女性，她们的性功能都会出现问题(Sexual Dysfunction)。女性性功能出岔子的案例，比男性高出十个百分点。

而每五个患有性问题的女性当中，只有一人会寻求解决办法。

加拿大卫生署有一个很有教育意义的广告：一个男人在接受身体检查后，当医生向他宣布一切都没有问题时，他却面露不安，似有难言之隐。广告字幕接着指出：每五个男人中，就有一人患有阳具不举的问题！原来医生也不敢直言。

其实不管是男是女，对性问题都是一样难以启齿。

因此我对那位上海女士十分好奇，为什么她会如此坦率地向一个美国人吐露心声？

但是我正在度假，对着湖光山色，对再怎样有趣的问题都不想插手，只管拿着电话筒向大卫寻根究底。

大卫传话，女士说，她来了美国以后，十分羡慕美国女性对性自由的解放，开始觉得自己的性生活好像缺少了一些东西，没有火花，没有电影中那欲仙欲死的感觉。

这位女士不知道，大部分美国人的男欢女爱，并非如荧幕上所表现的那般惊天动地。

自从“伟哥”(Viagra)面世，一年内便销售了一千多万粒，可见有多少男人需要靠药物行事。

这蓝色的“奇药”只可用于男性，除非经医生允许，女性不能服用。但有不同研究指出，“伟哥”用在女性身上，一样有效。

英国的一项研究指出，有五十三名患有性功能失调(Sexual Dysfunction)的女性服用了“伟哥”(Viagra)后，发觉加强了性幻想，甚至达到高潮。因此实验完毕后，其中有不少人要求继续服用。

现代对研究性问题的最大争议，就是这究竟是个生理问题，还是心理问题?

如果是生理问题，应该服药便可以解决。但是很多学者都提出警告：不要再增加妇女的用药。

因为美国女性服药之多，实在不可思议：减肥丸、抗忧郁丸、避孕丸，美国妇女是药品公司的产蛋金鸡。如果再加一份提高性功能的药丸，后果将不堪设想。

如果说是心理问题，那么我们是否忽略了一些非人为的因素?问题分明出在身体官能上，我们却硬说那是出在你的脑袋中?

身体或心灵(Body or mind)?也许两者皆对。

什么是女性性无能?它本身取决于四个范围，一是欲念(desire)，二是兴奋(arousal)，三是达不到高潮(difficulties with orgasm)，四是痛楚(pain disorders)。

女性必须具有上述一项以上的问题，同时因而感到苦恼，才算是患上性功能失调(Sexual Dysfunction)。

如果一个女性达不到高潮，而她觉得无所谓，就不算有性的问题。

西方人对性有一定的要求和准则，我想那位上海女士是因为移了民，才突然发觉自己有问题。当然，并不是说她不应该寻求高质量的性享受，只是我们别忘记，性是一种二人游戏，在见到她的丈夫之前，我不知道问题出在谁人身上。

不争气的肚皮

收到一封电邮，来自一个陌生男子。电邮说："我与太太渴望生孩子，但是结婚七年，一点怀孕迹象也没有，一次又一次的失望，令我们无地自容。最糟的是，我们夫妇之间的关系愈来愈紧张，我太太完全不肯与我谈论这个问题……"

电邮让我想起多年前在一家医院工作，其中有个专做人工授孕的诊所。小小的一个候诊室，每天都坐满一脸焦急的妇人，每人手中拿着一瓶等候医生放入输卵管的精子。她们脸上那种沉重，和患了重病没有分别。

生儿育女本来是天经地义之事，有人千方百计去避孕，结果还是大了肚子；有人散尽家财想生孩子，偏偏肚皮一点也不争气。天底下没有比这更不公平之事。

一般来说，每对在生育年龄的夫妇，如果经常有性交，每个月就有四分之一的受孕机会。即是说，每十对打算生孩子的夫妇，在尝试一年后，就会有九对夫妇成功受孕。

根据医学定义，如果尝试一年都没有受孕，就是不育(infertility)。

不育的原因，通常是男女各占百分之四十，剩下的百分之二十，仍然没有找到合理解释。

但是无论任何理由，想生孩子而又不能受孕，对于任何夫妇都是一个大打击。即使现代科学昌明，很多不育的男女都可以在“人手加工”的情况下成功受孕，但是那长期的等待，那月复月的焦虑，那不停地量温度捕捉卵子成熟期的测算，都很折磨人。

好不容易一切就绪，满怀希望，却在上厕所时发现月经又来了，所有的祷告又再落空，又要等待再一次的循环尝试。

渐渐地，孩子变成一种心魔，达不到目的，便失去全部人生乐趣，这是生命中的一个大洞，怎样也填补不了。

那种心情，局外人无法明了。

即使夫妇之间，也很难沟通，很多夫妇都无法承受这种不育的压力，结果导致离异。

有学说认为，生不出孩子的悲哀，与失去亲人的哀痛相等。事实上，每一次尝试受孕失败时，哀悼一个不成功的生命，也就等于哀悼一个失落的梦中婴儿。

那是一对夫妇应该相拥痛哭的时候——但遗憾的是，他们大都在最需要对方安慰的时候，各自哀伤。

第一个试管婴儿在 1978 年 7 月 25 日诞生，这么多年来，促成生育的技术层出不穷，甚至可以借助别人的肚子怀胎十月。

估计北美洲有一万个“借产母”，这些代孕母亲(surrogate mothers)，主要是租借出她们的子宫，让别人的胚胎在她们肚子里成长；当然在需要时也会“借”出卵子。每年有数千婴儿，就是由借产母产下的。

这些借产母在网上也可以找到，平均两万美元便可以租借一个会生育的肚子。

但是这些好像是天方夜谭的产子方式，并非全部美满收场。有时借产母改变主意，决定自己收养孩子，让万分期待的父母希望落空；也有夫妇在孩子仍在借产妇腹中时离婚，千呼万唤始出来的婴儿，结果谁也不再想要。有个借产妇就是在这种情况下，自己把孩子养下。

美国最近有一桩借产的官司，更是古怪。

这对夫妇都是律师，在聘用借产妇时，在合约上写明要一个孩子，结果发现是双胞胎，夫妇两人坚决只要一个，要求借产妇把另一个打掉。

借产妇不肯顺从，聘用她的夫妇于是控告她违约。孩子还没有产下，官司已打得难分难解，满城风雨。可见生育不生育，并非只是夫妇两人之事，道德、伦理、法律、人情、社会、家人、借产妇，甚至全人类，都可能与你的决定扯上关系。

今时今日，不育夫妇的产子取向，已经制造了十分复杂的庞大企业，很多大城市都有专业的“不育辅导”，协助这些绝望焦急的夫妇渡过难关。

不能生育对当事人的心理及生理负担已经十分沉重，明理的亲友，千万不要老是追着问：“你们为什么还不生孩子？”

好 纪 元

一个逃兵，逃到一个小村镇，在一个老人家中作客，遇上老人的四个女儿回家度假。

四个千娇百媚的姑娘，都对这逃兵产生兴趣。外面是战火连天，小镇里却是夜夜春色。而且不单年轻人如此，连老头子也心知肚明：他认为，自己最大的诅咒，就是只有与老婆一块时，才有生理反应。

一天，老妻回来了，还带着她的新情人，在老头子窗下大唱情歌。歌词大意是：老鸟倦了，要回巢了。

两个老人，在女儿的欢笑声，以及新情人的哭声中，亲密地携手入房，共度春宵。

这一部名为 *Belle Epoque*[①] 的西班牙影片，曾经压倒张国荣演出的《霸王别姬》，获得最佳外语片的国际奖项。

两部电影都是以内战为背景，一部是充满生活的压迫感及内心的挣扎，一部却是天下没有大不了的事，只有感官上的快意。

在新纪元的第一个圣诞节，看 *Belle Epoque* 又是另一番滋味。

---

① 中国内地译为“四千金的情人”，又名“美好时代”。——编者注

每年年底，我总会收到一堆坏消息：某某的丈夫有婚外情，某某的女儿未婚先孕，某某无意中发现母亲与别的男人在一起。

我以为年关只需还钱债，原来人情上的债务，更是使人动弹不得。偏偏我的工作就是要聆听别人的烦恼，由新年到情人节，听到的多是男女问题。怪不得有统计指出，情人节有三大热门生意：花、巧克力糖，以及私家侦探！

问题是，即使让你证据确凿，知道对方移情，但又有什么用？有没有真的减轻你的苦恼？

一个发现母亲有外遇的女儿，不敢把消息告诉父亲，怕会伤害他，但又不能面对母亲，结果把自己困得一筹莫展，家中人人都责怪她情绪反常，只有她自己知道心中的结。

她问我："我应该怎样处理？"

我答："无论你怎样处理，在行动前，先要问自己，事后会不会后悔？"

处理方法其实不止一个，可惜的是，大部分的人都会选择一个他们会后悔的方法！

那个丈夫离家出走的妻子也是一样。

她问："我应该怎样去把他争回来？"

答案也是一样：很多争回丈夫的方法，结果不但没有效，反而让对方走得更快。

不要采用会让你后悔的方法！

不后悔，就是要想得透彻，切忌横冲直撞，明知不可为而为。

有些不能改变的事实，我们更加不要浪费气力，明知徒劳无功，又何必继续欺骗自己？

但是比起 *Belle Epoque* 这影片内所描述的境界，以上种种道理都显得有点儿像在说教。

拉丁民族好像远比炎黄子孙更懂得享受生活。

例如,当老头子发觉自己的女儿都在与青年人鬼混时,他只是轻描淡写地说,毕竟那是碳水化合物所造成的血肉之躯,因为会日渐腐朽,所以更要给予欢乐,让君肆意怜惜!

我起初以为这是一个歌颂青春的故事,没想到老妈回来后,与老爸两个已经衰老的身躯,一样可以热情流露。

老妈的情人在房外焦急地等待,不停看表,他说:“已经过了四十五分钟,他们为什么还不出来?”

两个老男人,争一个老女人,却是毫无火药味,倒是处处怜惜,而且甚有体育精神,像个孩子般纯情。

这电影的好,是演来一点也不造作,也不猥亵。在那西班牙南部的艳阳下,一切都懒洋洋得毫不费劲,一切都是理所当然。

后来小镇的牧师在主持青年人的婚礼前,因政变而在教堂上吊,留下一张纸条说:“自尽可以打破死亡对人的威胁!”

牧师上吊的身体依然在梁上吊着,青年人与老人的小女儿就在他双脚下成婚。

一切都是那样地理所当然,生与死,爱与欲,什么都可以擦出火花。

Belle Epoque,中文其实可以翻译为“好纪元”,那实在是值得礼赞的好生活。

我不知道这种意境能否被身处风尘滚滚中的香港人所接受。

试想想,女儿看见母亲与情人在街头亲热,她可否心照不宣,赞赏母亲的品味;或是暗自思量,母亲怎么找了个比父亲更少头发的胖子?

又或丈夫发觉妻子有艳遇，他是不是可以耐心地在房外等候他们完事？

如果换成妻子发觉男人有新欢，她能否不哭不闹不上吊？

无论如何，让我们在这里分享一个成人的童话吧。

中 年 得 伴

中年得伴，原来要比青年人谈恋爱更为得意。

本来是一池死水，突然变成一江春水。眉梢眼角，情意绵绵，让你真正明白“甜得像蜜糖”是什么一回事。

少年人的“小狗恋”(puppy love)，真的像小狗一样，乳臭未干。成年人谈情，又往往是那样地理所当然，人有我有。独是中年人的你情我愿，离奇得连当事人都难以置信。原以为自己心如止水，再也无心恋战，谁知情来自有方，让你软绵绵地喜上眉梢，舒服得一塌糊涂。

那天晚上，我们就是这样万分羡慕地分享着这对新婚夫妻的喜悦。

本来沉默的男人，突然间好像有说不完的话题，他说：“我疯了，跟儿子一样，被爱情弄疯了！”

桌上放着一瓶一九六四年的法国红酒 Chateau Mouton Rothschild，美酒当前，却是独酌无味，望着身边那情深款款的丽人，才是酒不醉人人自醉。

同桌的人不断向这对新人逼供，他们不单没有推辞，反而是十分大方地有问必答。

“最长的电话记录是多少？”

“七个小时！当中还加上多次传真！”

男的补充说：“传真机就在儿子床头，害他一个晚上不得好睡！”

“他的追求攻势有何独特之处？”

“我对她说：‘你不嫁给我，我就自杀！’”

“我也对他说：‘你不娶我，我就当尼姑去！’”

缠绵如此，让我们这些结婚多年的老伴，真的是无地自容。

也许是受了这对新人的感染，第二天，我决定提早下班，打电话给丈夫说：“我闷死了，不想工作了，快来接我去玩吧！”

丈夫冷冷地说：“你也会嫌工作过多的吗？你还记得要玩吗？”

真是一盆冷水！

好不容易找到时间在一起，却总是话不投机。

提起一位朋友，我问：“他怎有这么多时间吃喝玩乐？还不时外出旅行，不用工作吗？”

丈夫答：“这就是别人聪明之处，不像你的工作，只会一年比一年忙。”

仔细听来，句句话都带刺。

以前是贫贱夫妻百事哀，现在却是找不到时间共处，有伴等于无伴。

丈夫是个厌恶工作的人，认为工作是奴隶的传统。我本来也是一样，因此二人一有机会，便双双辞去多年的工作，加入不上班的一族。

谁知阴差阳错，他是愈来愈珍重这一份悠闲，我却由本来“访问”式的工作开始，愈来愈泥足深陷，不可自拔。

工作最恼人之处，就是慢慢变成一种使命感，没有人逼你，你也要逼死自己。

从这一角度看中年得伴，也许我们最感叹的，并非只是那一点甜腻腻的眉目传情,或者是两个曾经沧海的人突然返璞归真;而是生活及时光的摧残,让我们不知不觉地失去了重要的伙伴。看到别人那一股“没有我,没有你,只有我两个”的难分难舍,骤然把个人的孤单感提升起来。

我想,如果在这时刻,丈夫遇上一个能与他一同享受生活的同伴,他必然情不自禁,过去多少恩情,都只会让他难舍难从;如果换上我,碰到一个能为我分忧的伙伴,我也可能一样拂袖而去。

人一生中的第二春、第三春,甚至第四春,原来全因一个伴;有伴就是春,没伴的话,就是一根枯枝。

怪不得有位学者说:“不要以为殉情是罗密欧与朱丽叶的游戏,如果我找到一位我能够为她殉情的伴侣,我也会觉得自己十分幸福。”

也有一位朋友,结婚二十年,夫妇间的对谈,一天比一天少。到最后,他每天下班躲在房间的一角,独自饮闷酒;他的妻子,则忙着打扫厅堂。那种有伴比没有伴更孤单的生活,比恐怖电影更恐怖。

这个故事的教训是什么?

珍惜眼前人!莫待无花空折枝,天天都是情人节。

疑幻情人

回到多伦多，朋友要求我见他的表弟，因为表弟妇在网络交上笔友，日夜迷上网，她说，那是她一辈子最快乐的时光。

朋友的表弟是专业人士，长得十分俊秀，他搜索枯肠，无法理解究竟他的婚姻出了什么问题。

他说："我是个好丈夫，爱太太、爱家；但是她说，与我一起从来没有真正开心过。无论我怎样表白心态，她都无动于衷，只有对着电脑网络，才找到人生乐趣，我该如何面对？"

太太恋上网上情人（cyber lover），真的是个难以处理的问题。

我们都知道，婚姻的最大敌人，就是出现了第三者。但是一般第三者起码有模有样，有眼有鼻，不论要跟踪，还是要寻仇，摊起牌来也可面对面谈个清楚。

但现在，第三者是个疑幻情人，只存在网络空间（cyberspace）中。一个没有面孔的敌人，真的令人摸不着头脑。

网络上的婚外情，将是现代世纪的一个新现象，而且不只是出现在年轻人身上。这是一种十分厉害的电脑病毒，不分年龄，不分性别，不分职业，由网络传入人的神经系统，一旦患上，受害者便如痴如醉，真假难分。

不久前，芝加哥就举行过一项专题研讨大会，针对这个高科技世纪所产生的大问题。

原来网上情人，不单是婚姻中的第三者，它最大的杀伤力，是更会造成一种强迫观念（obsession），一种心魔，一种新的病毒。

互联网上的虚拟性爱（cyber sex），这种把性行为公诸网上的互动，更是把暴露狂与偷窥狂的定义，推动到另一境界。

问题是，这并非只是“成人娱乐”那么简单；在极端情况下，往往会造成一种无法自拔的沉迷，对个人与家庭生活，都是很大的祸害。

我的工作伙伴白朗刚从芝加哥的研讨会回来，我笑他说：“怎么你对这旁门左道也如此有兴趣？”

白朗十分严肃地回答：“你可知道，这其实是个家庭问题，多少人因而抛妻弃子，弄到众叛亲离？”

白朗举了一连串的例子。其中一个家庭，因为父亲沉迷网上性游戏，妻子不能忍受，离家出走，而他们九岁的儿子，无法理解大人古怪的行径，结果跳楼自杀身亡。

我原以为这只是一个西方人的问题，但是白朗纠正我说，上述那个悲剧，就是发生在一个亚洲家庭内。

东方人与电脑的确很有缘分，一机在手便可以废寝忘餐。对于很多不善或不喜欢交际的人，突然发觉这方匣子内另有乾坤，很容易便走火入魔。

其实我在香港时也遇到过网上婚外情的案例，同是一个男士求助的事件。

这位男士的妻子，也是白天上班，晚上通宵与电脑情人通话。做丈夫的冷眼旁观，却完全无计可施。

妻子理直气壮，因为她步不出门，不过是在电脑上活动，何罪之有？

这现象同时引发一个有趣的道德问题——有疑幻情人，是否也算对婚姻不忠？

如果是，不忠之处在哪里？哪一段婚姻中的男女没有对他人作过非分之想？如果不是，你又怎样解释一对夫妻相处，其中一人的全部专注，竟投射在一个幻影身上？

疑幻情人，其实并非全是幻影，也是真有其人，在网络中与你的妻子或丈夫神交，让你气得恨痒痒，却只能捕风捉影。

电脑上的恋情，要比真人真事更难处理。

但是追根究底，为什么有人会觉得那疑幻空间的假象，要比枕边人更有吸引力？很多人都认为，那一段婚姻本身必然出问题，才会导致如此状况。

无可否认，一个人必然是对现实不满，才会在水中捞月。但即使这解释再有道理，都解决不了当事人的危机。

必须面对的是，千万别低估这个疑幻情人，它虽然有影无形，却是伸手可及——对于一颗寂寞的心，它是一种最大的慰藉。而且疑幻空间的结合，不受人间烟火限制，自由奔放，没有柴米油盐的忧虑，只会让人欲仙欲死。

要对抗处于如此优势的第三者，绝非庸兵弱将所能。

《X档案》电视片中有一个故事，描写男主角为了消灭网络上一个女杀手，要亲自走入网内与她搏斗，但是他屡战屡败，因为无法征服一个虚幻人物。到最后，要把电脑硬件拆掉，才可起死回生。

怎样从影子情人手上把自己的爱侣抢回来，将是高科技时代很多婚姻关系的生死斗。

无 性 婚 姻

佩佩结婚二十年，是个女人味十足的妇人。她丈夫也是个翩翩君子，郎才女貌，羡煞不少旁人。

没有人知道，佩佩与丈夫从来没有行房。由新婚开始，他们白天过着同进同退的生活，无话不可说；但是到了睡觉时分，两人就很自然地一个先上床，一个看电视，各自缩在床上自己的一角，各自入梦。

开始时佩佩觉得十分别扭，不明白为什么丈夫对自己全无反应，每次有意无意地向他挑逗，对方都会像蜗牛似的立即缩回壳内。

女人的最大秘密，就是丈夫对自己的拒绝，这种情况连最亲近的人都不能启齿。

女人的最大挫折，是无法引起男人的野兽本能，让你绝对怀疑自己的女性魅力。

无性婚姻，是个忌讳的话题。在这二十一世纪，几乎什么问题都可以"走出柜"(coming out of the closet)；即使是告诉别人你是同性恋，是变性人，都要比告诉别人你不能与配偶行房来得容易。

但是无性婚姻其实比一般人想象来得普遍。根据美国的统计数字，有百分之二十的已婚男女，及百分之四十同居两年以上的男女，性生活都十分贫乏，甚至全无性交。而各项性问题中，最普遍的是对性交缺乏兴趣，即低性欲（Low Sex Drive），或被禁锢的性冲动（Inhabited Sex Drive ISD），是最常见又同时是最难治疗的精神健康问题。

每三个女人及每七个男人中就有一人患上 ISD；有百分之五十的婚姻，都有可能在不同时期对性失去兴趣。

我们都知道，水乳交融，是婚姻生活的一个重要基础；而没有性爱的婚姻，也就是说二人没有化学反应，会严重地威胁夫妇间的亲密关系。

但是由于种种原因，我们对无性婚姻的研究及了解并不普及。

性交本来是动物世界传宗接代的一项本能，是最自然不过的一回事，而偏偏文明世界的人类，往往会莫名其妙地失去这份上天特别赐予我们身体官能的快感。当然，工作压力、疾病、服用精神药物、忧虑、愤怒，种种内在及外在原因，都会影响一个人的性功能；但是我们对于 ISD 的知识，仍然不足以解释所有问题。

我们只知道，无性婚姻的头三年，会特别难受，双方都会充满焦虑和期待。肌肤相亲本该是亲密关系的享受，但是对于失去性兴趣的一方，任何触摸都会成为一种威胁，一种性的要求。这种你追我躲的情况，很快就成为一个令人沮丧的重复形式。

这形式会慢慢地延续下去；为时愈久，愈难改变。

人的性功能与其他身体部分一样，愈不用，愈会退化。佩佩与她的丈夫就是这样，由不明所以，变成适应；由千方百计，演变成无奈的接受；由每晚期待，变成放弃，甚至会安慰自己说：其实这样也没有什么不好，省得麻烦！

据说日本曾经提倡“有爱无性”的婚姻运动，这种把无性婚姻推崇为一种精神理想，不知道是一种阿 Q 精神，还是别有用心。无论原因在哪里，却证明了缺乏性生活的婚姻，在东方社会是十分普遍的。

当然不是所有无性婚姻，都像佩佩的情况，是因为丈夫性无能所致。其实大部分的性问题，都是在婚姻后期才产生。最常见的是因为婚姻关系存有太多积怨，太多没有解决的矛盾，造成夫妇间的一道高墙。

性治疗祖师 William Masters 说过，性爱是官感的最高境界，是你送给至爱的一份礼物！是不能强求的。

我见过一对夫妇，妻子因为丈夫不能与她行房而十分苦恼，在治疗师面前不断数落丈夫的不是。女的步步追逼，男的低头无语，变成一个母亲教训儿子的局面。

当时我想，怪不得他们不能有性生活，"儿子"与"母亲"上床，岂非乱伦？

虽说性交是动物本能，但是人际关系是十分微妙的互动反应，任何敏感问题，都会影响性功能。归根结底，性行为是千军万马混合整个心理和生理状况的一项大工程，运作起来十分不容易，不可能像猫狗一样，一拍即合。

时下很多不同派别的性治疗，对于无性婚姻，除了找出问题的症结外，还要夫妇二人愿意一同负上重建亲密关系的责任，一同探讨性爱的乐趣，才有可能把一部老爷车的死火引擎，重新发动。

原来那令人想入非非、巫山云雨的男女相欢之情，有时真是可遇而不可求的。

因此，如果老婆因嫌你脚臭而把你踢下床，你应该十分庆幸，因为那应是最容易解决的性问题。

夫妻塑像

贝丝与亚力是一对原籍爱尔兰的夫妇，他们都是成功人士。男的是一家财务公司的主管，女的是贸易界高级行政人员。

结婚十年，贝丝终于怀孕，那该是天大的喜事，没想到这竟成为夫妻二人矛盾的导火线。

怀孕的贝丝，坚持要搬家，搬到纽约曼克顿靠近父母居住；亚力则坚守本位，一定要留在新泽西。结果贝丝搬回娘家，亚力独守空房。

两地相隔只一个多小时车程，但是夫妻之间的距离却是十万八千里。二人唯一合作之处，是同意每周一起前来纽约家庭研究中心接受辅导。

幸好那不是我的个案，但是负责这个案的大伟，被他们这个纠缠不清的矛盾弄得头昏脑涨，趁我回到纽约，便约我一起会见这对夫妇。

贝丝与亚力倒是十分坦诚，详细地向我陈述他们的问题。贝丝把要搬回曼克顿的理由一一解释，亚力也细数必须继续住在新泽西的原因。说到关键之处，二人舌剑唇枪，立刻就开火起来。

贝丝说："结婚多年，总是我迁就你，这一次，我绝对不能妥协，不然我就变成门前的地毯一样被你践踏。"

亚力说:“你完全不把我的父母放在眼里,这次借口搬家,其实是乘机找你娘家做靠山。”

明显地,这是一场牵涉两代的权力斗争。大伟已经辅导了他们六个月,我不想重复,于是问他们:“你们这种争论方式,是否已经重复又重复?”

那天我刚巧参观了一个罗丹的雕塑展览,罗丹的人像,大都是身体扭曲得不成人形,流露着内在感情破体而出的澎湃。对着这一对互不相让的夫妇,我想,有什么办法令他们不再说话,而能感受到自己目前的困境?

因此,我对他们说:“我刚从罗丹的展览中回来,如果罗丹要为你们夫妇做塑像,你猜会是怎样的模样?”

于是,我们慢慢地塑成雕像,夫妇二人背对背,双手在背后互相紧扣,身体却是向着相反方向,彼此坚持。

这是一个分不开又合不拢的处境,是个现代成功人士的典型夫妇塑像。

这其实不是罗丹的作品,而是一代家庭治疗宗师 Virginia Satir 所塑造的夫妻形象之一,我只不过随手借用。贝丝与亚力发觉彼此把自己及对方扣锁在如此僵持的位置,真的停止了争论。

我问他们:“你们快要为人父母,期待婴儿来临,应该是最甜蜜的阶段,你们想塑造怎样的雕像?”

亚力把妻子温柔地抱过来,慢慢地把头靠在她的肚皮上,贝丝一手抱着丈夫,一手托住肚子。那是一幅感人的图画,我们庆幸大功告成。

那已是一年前的事,谁知今年回到纽约,大伟又向我求救。原来孩子诞生后,那夫妇二人又返回最初的争辩:要搬到曼克顿,还是留在新泽西？两人再一次地水火不容。

我叹了一口气，对大伟说："我的时间表已经排得密密麻麻，不能见他们了。不如你替我问他们：'他们现在是怎样的一个塑像？'"

后来大伟告诉我，贝丝及亚力二人真的认真地塑造他们此时的塑像，那是一个不断地在彼此之间筑造围墙的雕塑。他们把大伟会客室中能够搬得动的家具杂物，都搬到中间来把夫妻二人隔开，只在中间留一个洞，让彼此看到婴孩。

贝丝和亚力都是一点即通的聪明人，问题是，他们无法放弃一个对他们一家三口十分不利的谈判方式。有趣的是，他们两人都不肯让步，却又坚持要接受辅导。

其实，孩子是夫妇的最佳辅导员，对着一张童真的脸，天大的事都可以化解。

亚力却说："每次看着贝丝，看到的不是孩子的影子，而是我的丈母娘！"

也许亚力是对的，每对夫妻塑像，其实男女各方后面都有一连串上一代的人物，鬼影幢幢。贝丝及亚力理应联手，在夫妻关系与上一代之间建立围墙，以开拓二人及孩子的新世界。

偏偏是围墙筑在夫妇之间，孩子被逼上墙端，如此不堪的家庭塑像，在国外国内都有不少例子。

齐 齐 来 共 舞

我认识一对夫妻，两人完全不合拍，于是有人提议他们一起去学跳交际舞，借以培养共同的节奏。

谁知两人拥着舞动，身体四肢更是纠缠得一塌糊涂，惨不忍睹。

妻子一怒离场，发誓不再学舞，丈夫不甘心，找教练继续学习。

谁知教练认为他有舞蹈天分，不久便邀请他做自己的舞伴。

本来笨拙木讷的男人，在舞场上摇身一变，成为挥洒自如的领舞者。

一天，妻子去参观丈夫的交际舞大赛。霓虹灯下，发现那一身燕尾礼服的英俊男子，竟是自己无法认得的枕边人。

所有妻子都知道，王子一旦成为丈夫，便会变回青蛙；唯一例外的是，当他成为交际舞的参赛者，在舞台上旋转，那是青蛙变成王子的第二次机会。

只见男人步伐轻盈，脚底像是装上弹簧，点地即起。上身挺直，头部时左时右，向不同方向转动，自台的东面一下子就跳到台的西面，才一闪眼，又舞回台中去。

最妙的是，他手中拥着的一位漂亮丽人，毫不费劲地随着他的韵律转动，长裙起伏如波浪，只是比波浪多一份灵巧。

男的眼光明亮，与身上镶着的亮片一样闪闪生光；女的笑意迎人，甜不可拒。两人配合得天衣无缝，好像只为这一刻的陶醉而活。

那种专注，那种传神，那种毫无禁忌！

交际舞(Ballroom Dancing)，是男人唯一可以在老婆面前与另一女人亲热的好场面。

当然，它的好处绝对不止于此。

这是在欧洲、美洲以及亚洲都发展得最快的一种新运动。交际舞怎能算是运动？这是一个好问题，但是热衷人士正在努力把它推广成为奥林匹克的一项竞赛，二〇〇〇年在澳洲主办的世运会就有一项双人舞的示范表演。

为了争取奥委会的认可，国际交际舞联盟把交际舞改名为舞蹈运动(Dancesport)。

加上了一点体育精神，更是名正言顺。事实上，它真的接近运动，而且规例甚多，一点也不简单，每一类舞都有一定标准。狐步舞只是一个开始，还有伦巴、桑巴、蒙波，最考技巧的当然是探戈，对体能要求，一点都不逊色于玩一场球赛。

现在世界各地都有交际舞的竞赛，很多电视台更有专门报道。

在这新科技时代，为什么那么多人迷上这一类本来属于社交的舞蹈？日本近年一部叫作《谈谈情，跳跳舞》(*Shall We Dance*)的电影，便有很细微的描写：一个白领阶层的男人，白天过的是死板而无味的工作模式，但是当他穿上礼服，拥着舞伴随音乐起舞，他便投入另一个天地，扮演一个精彩的角色。

交际舞是成人的魔术棒，轻轻一点，一个充满创意的世界就展现在眼前。生活上多少不如意都可以置之脑后，一辈子的光辉尽凝结在此一刻，是最露骨而又最澎湃的情感！

交际舞的佼佼者，各自置有价值昂贵的舞衣，都是色彩鲜明、金光灿烂，让舞者像孔雀似的炫耀羽毛，满足所有表演欲。

这种舞蹈有趣之处，是男女角色分明，女的是“马”，男的是“骑师”。马的一举一动，都由骑师操纵，最妙的是一种斗牛舞，男的是斗牛勇士，女的却只是他的“斗篷”。

如此大男人主义的角色分配，却没有受到女权主义者的杯葛[1]，也许是因为在现实社会中，性别角色愈来愈不明显，在舞池上让男的做主，也算是一种怀旧。

多伦多《环球邮报》的专栏记者 Jan Wong，为了要做交际舞的专题报道，亲自参加训练，她说她的教练年轻得可以做她儿子，却拥着她情深款款地对她凝视。这种华伦天奴[2]式的男性表达，是这种拉丁舞的特色，却让她无地自容。

她的结论是：“如果上帝要我如此摆动屁股，就不会叫我生为加拿大人！”

要找到这种舞蹈语言，不但要下苦功，还得有点天分。

幸好足之、手之、舞之、蹈之，并非某类人的专利，欧美各地的社团中心，甚至大学，都设有交际舞班，让你跳个痛快，跳到倒毙(drop dead)！

很多婚姻治疗师，都会提议夫妻一同参加舞蹈训练，尤其话不投机的男女，也许在韵律中会发觉一切尽在不言中。

只是身体的沟通，并不一定比语言的沟通来得容易；朝夕相处的同

---

① boycott，抵制之意，港澳及台湾地区的人常用。——编者注

② 华伦天奴是意大利情圣。——编者注

伴不一定能找到共同韵律，有时反而与陌生人更容易一拍即合。

像上面所提到的夫妇，结果一个成为舞痴，半途出家，决定成为专业舞蹈员；一个只能冷眼旁观，明知在丈夫的新国度里，完全没有她的份儿。

好在他爱上的不是他的舞伴，而是舞蹈，舞蹈，再舞蹈！

男人的一百零一个谎话

有一个叫作 Dory Hollander 的作家，写了一本名为《男人对女人说过的 101 个谎言》(101 *Lies Men Tell Women*)的书。

一百零一个谎话，是个很长的目录。

Hollander 对男人谎言的兴趣，来自小时候父亲对她的教训："Never trust a liar!"——永远不要轻信骗子！

有理性的人怎会轻信骗子？这是 Hollander 无法理解的一个问题。直到她长大后成为一个心理治疗家，目睹人间百态，才明白"谎言"在人际关系上实在扮演一个重要的角色。

她说，谎言有多种，有善意的谎言，也有恶意的谎言。有些人扯谎，是因为要抬高自己，要讨好他人，要隐瞒事实，甚至要保护对方；但是谎言始终是谎言，谎言的杀伤力，要比真相来得更厉害。

Hollander 访问了近一百名男女，深入了解他们受骗及骗人的经验，列出了男人最常引用的一百零一个谎言。

当然，说谎并非男人的专利，但是不知何故，在男女的感情道路上，好像总是男的扯谎要比女的较多。

也许男人天生不是专一的动物，偏偏女性又多要求对方海枯石烂，于是他们只有借谎逃遁。

“我会打电话给你”是北美男人的首席谎话。让女的老在电话机旁守候，男的却一早逃之夭夭。

最叫人不可思议的是，“我爱你”这话竟是男人的第二个最大谎言！好在东方男人不善用西方这“三字经”，让我们的女同胞减省了一份忧虑。

“你是我唯一所爱”排名谎言榜的第三，Hollander 的资料档案中，满是女性受骗的例子，很多外表看来十分相称的伴侣，原来骨子里却是个三人组合。

最有趣的，是一个男人声称自己不能戒赌，让妻子一直替他还债，最后才发现，所谓赌债，原来全部花在供养一个小老婆身上。

真相大白，丈夫仍苦苦哀求，对妻子说：“我最爱的仍是你！”

一百零一个谎话，每一个都有它自己不可明言的隐衷：最伤女人心的是“这次我是认真的”，最让女人起疑心的是“这个聚会只让男士参加”，最令女人失望的是“我永远会照顾你”，最要命的是“我没有艾滋病”。

总括起来，男人的谎言好像大部分是用来骗取女人的情感与肉体，而大部分女人，却偏偏对这些谎言深信不疑。

有个印度女大学生，男友是作家，她千里迢迢转学到伦敦，只为要与他一同生活。后来在男友的小说中，发现其中一本是题名给妻子的。小说出版那一年，同时是女学生与他开始来往的一年。

证据确凿，男的仍面不改色，说：“我最爱的是你！”

男人真的那么不可信任吗？

我正在伦敦，在亚伦与祖儿家作客，亚伦与祖儿同是家庭治疗师，这本《男人的一百零一个谎话》，是我从他们的书架上找到的。

我问亚伦:“男人真的是谎言能手吗?”

他说:“当然不是!”

但是他回答时嬉皮笑脸,根据 Hollander 书上教人听辞辨色的技巧,亚伦的身体语言分明显示他在说谎。

祖儿说:“我这一周接到三对夫妇的个案,其中两桩都是妻子发现丈夫隐瞒婚外情的事件!”

我想起自己离港前,也见过两位最放心不下、怀疑丈夫不忠的妻子。其中一人聘用私家侦探,已经证实了最不想面对的现实。那种被出卖及怀疑被出卖的感觉,实在磨人!

问题是,面对谎言,大部分女人都无法招架,尤其对方否认的时候,很多女人都会怀疑自己是否过于多疑,即使蛛丝马迹全部显现在面前,也宁愿视而不见。

当然,男女关系,没有可能每句话都用测谎机来量度,其实有些谎话,例如告诉你:那六十岁的老婆比年轻少女更有风情,听者开心,便是个美丽的谎言。最糟的却是,他刚说完这句话,就跟年轻少女私奔了,那立刻就变成不负责任的谎言。

很多无伤大雅的谎话,我自己的处理态度是得过且过。曾经在台湾见到一对夫妻,妻子嫌丈夫做家务做得不够起劲,她说:“他虽然扫地洗碗,却不是心甘情愿的。”

当时我想,世上哪有“心甘情愿”洗碗扫地的人?这位太太因为不能接受丈夫“不真心”,弄得两口子十分别扭。

但是如果是生死攸关的谎言,便不能不正视,例如丈夫包小三,还用了你的薪金供养对方,无论有多心痛,这残局可不能不收拾。

因为最伤人的事实,都会比活在一个谎言中,痛得真实!

被挡在门外的爸爸

人人都说这父亲过于权威，不懂亲子之道。

张爸爸真的是每句话都针对着儿子，叫儿子要坐得端正，说话要有礼，眼睛不要东张西望。

十一岁的儿子，对父亲的每一句话都怒目回视，大大的眼睛充满怨恨，眼角挂着一滴圆大的眼泪，亮得晶莹，却久久没有滴下来。

我不明白这父子之间究竟发生了什么事，为什么会如此深仇大恨？他们自己也摸不着头脑。

问起张妈妈来，她却一口咬定是张爸爸的问题：做人太执着、对孩子有太多无理要求、放不下父亲的威严。

父亲不满孩子，母亲不满父亲，这个故事好像逻辑分明。

李爸爸的故事也是一样，九岁的女儿把他当作恐怖分子，完全不让他接近。父女相处常常发展成一场激烈大战。

李爸爸一见到女儿，不是叫她做好功课，就是要她收拾玩具。但是无论父亲要她做什么，女儿都充耳不闻，偏要做相反的事情。叫她做功课，她就把书包丢到地上；叫她收拾玩具，她就把小毛熊、小布猫全部踢得七零八落，然后躺在地上大哭大嚷。

李妈妈不明白丈夫为何对女儿如此不放松，每每弄到场面完全失控。到后来，唯有叫丈夫下班后不要直接回家，让女儿睡觉后才回来。

李爸爸与女儿之间究竟出了什么事？

与张爸爸一样，李爸爸也是一位公认失败的父亲。他们选择接近儿女的方式，全部弄巧成拙。

但是这只是片面的看法。

很多人不知道，天下没有单一的父子关系，或是父女关系。父母子、父母女，往往都是三个人的复杂组合。

二重奏变成三重奏，故事的层次便大大改观。

张爸爸与李爸爸是两个完全不同的男人，但是某种程度上，他们代表了很多被挡在门外的爸爸。

外表看来，他们好像横蛮无理：老是在不必要的情况下，压迫子女；做事糊涂，横冲直撞；无事找事，甚至满腔牢骚。

他们的妻子都说这是丈夫的个性。

个性是天生的，这两个男人的行为，却是环境造成的。

因为无论是张爸爸或是李爸爸，当他们与子女纠缠时，大部分人只看到父亲不妥之处，很少人注意到母亲的立场。

张小弟只有十一岁，站起来不够五尺；李小妹九岁，是个三寸钉，他们怎有这般大本领，连昂藏七尺的大男人也奈何不了他们？

这些孩子必然是有人在背后撑腰，才会比父亲强大。

我发觉张爸爸每次指责儿子时，张妈妈就十分不满，无论脸上表情或口中话语，都是指责丈夫的不是。

张妈妈说："我丈夫的最大问题，就是放不下父亲的尊严！"

但是我留心观察，却发觉张爸爸无论发表什么意见，都被儿子及太太否定，连跟随在身旁的一个乖女儿，都自然加入抗父阵线。

如果他真的是放不下尊严，大概是因为完全没有尊严之故。

不久又发现，这位看来对孩子多多要求的父亲，其实一点杀伤力也没有。孩子只要向他稍动声色，纸老虎便立即软化下来，任由儿子摆布。

我问小弟："你爸爸其实对你千依百顺，你只要应他一声，他便甘心为你做任何事，你为什么对他这样抗拒？"

小弟说："我也不清楚，只觉得妈妈是梦寐难求，爸爸却是百般不是。连妈妈都要每天骂他一百次。"

小姐姐在旁忍不住插口："何止一百次！"

这对小姐弟眼中的严父慈母，原来只是一对不合拍的夫妇！

我问张爸爸："你看，两个孩子这么帮母亲，你要走入他们的阵线，就必须通过妻子不可。"

男人听了立即摇头说不："通过她的一关，要比通过孩子更难！"

原来这是一个十分爱家的男人，他大清早外出工作，必然准时给两个孩子打电话，问长问短，弄得孩子烦恼不堪。

他自问没有妻子的口才，说不过妻子，只有千方百计走孩子路线。威逼利诱，结果弄出一个大头佛，全家人把他排斥在门外。

李爸爸的情况与张爸爸十分相似。不同的是他妻子并不口齿伶俐。他自己才是爱说话的人，但是不多话的妻子心中却积聚了一股对丈夫的不满，总是觉得男人不对劲，不解风情，不是一个好同伴。李妈妈精雕细琢，李爸爸却是个粗男人。

娶了好太太，生了宝贝女儿，男人乐不可支，以为可以享受家庭之乐，谁知妻子那无言的拒绝，变成女儿那轰天动地的大动作：把爸爸赶出家门！每个敲门的尝试，只落得鼻子被大门拍扁，哪有不发狂的可能！

中国家庭，有很多被关在门外的爸爸，他们不知道一个最简单的道理：要进门，就要通过那守门的太座！

男人的苦恼

有人说,女人的一生是由一个系统走入另一个系统,男人的一生却是由一个母亲投向另一个母亲。

我不知道这说法有多可靠,但是从朱先生的遭遇而言,这说法的确十分准确。

朱先生说,自小他就与母亲十分密切,贴在母亲身旁,什么事情都不用自己劳心,那种感觉是那样软绵绵、油腻腻。

结婚后,他以为妻子与母亲没有分别。并不是他不爱惜老婆,只是习惯了那种备受照顾的慵懒,他老以为爱是一种埋藏在心中的感觉,不必挂在口中。母亲从来都没有要求口头上的报答,母亲节时送她一张卡就足够了。

偏偏老婆来自一个缺乏温暖的家庭,一心只想得到丈夫的关怀,老觉得丈夫对自己视而不见、听而不闻。愈得不到丈夫的体贴,愈跟他严辞相对。

这边是处处包容的母亲,那边却有步步追迫的妻子,朱先生不明了究竟发生了什么问题。

最糟糕的是,不单妻子拒绝他,连八岁的女儿也与他处处作对。

朱先生说:“你快把功课做好!”

女儿说:“不关你的事!”

朱先生说:“你不听话,我就打你!”

女儿哇哇大哭,像疯了似的在地上打滚。结果要由妻子出来调停。到后来,女儿一见了爸爸就使性子,为了减少摩擦,朱先生每天下班后就在街上游荡,有家归不得。

百思不得其解,一个爱妻子爱女儿的男人,却无论怎样也打不入妻女的阵营。朱先生十分苦恼,他在街上蹓跶时,特地走入书店去寻找亲子的书籍,但是看来看去,脑袋仍是一片混沌。

这个女儿是他的心肝宝贝,他巴不得把她抱在怀中不停亲近。问题是女儿不肯亲他,一见到他就完全失控,每次接近女儿,只换来妻子的一场谴责,结果自己要狼狈而逃。

要亲近妻子也并不容易,洗多少次澡,做多少次爱,怎样与女儿交谈,妻子都有一定分配。每次妻子让他亲近的时候,朱先生便兴奋万分,洗头、刮胡子、洒古龙水、漱口,把自己装扮得像一份礼物似的送到妻子面前。妻子却说:“我只是例行公事,一点也不享受!”

亲近妻子,爱护女儿,所有男人认为是天经地义的一回事,对朱先生来说,全部都困难重重。

他说:“我母亲以前也提醒过我,千万要学会自己洗衣服,以防万一娶着一个不洗衣服的妻子!”

母亲不知道,妻子不洗衣服还有菲佣帮忙。但是妻子的不惬意,很快就会成为女儿的不惬意,母女联盟,是任何男人都无法应付的铜墙铁壁。

女儿的行为问题愈来愈严重,简直成了小魔头,连母亲都控制不了。

为了对付女儿，夫妻终于明白了必须互相一致，商讨大计。

当女儿用恶言谩骂母亲时，朱先生就站到妻子身旁，对女儿说："这是我的妻子，我不许你对她无礼！"

他们很快发觉，这种夫妻联盟，是应付问题儿童的良策。

但是很快又出现了新问题：一是当女儿接受父亲的加入，开心的父亲开始任意宠爱女儿，父亲成了好人时，管教严谨的母亲便立刻成为恶人，这当然不是她乐意接受的位置；二是当朱先生滔滔不绝地教训女儿时，妻子虽然勉强站在他的一旁，但是心知肚明，自己也不同意丈夫的做法。哪有一致的可能？女儿是聪明人，一看就知道妈妈的心事，道理就自然在自己的一方。

朱先生这种治家的方式，一起三落，实在恼人。他坐在那里皱着眉头，面孔被双手揉成一团，听着妻子一桩桩地数他的不是：没有情趣、体臭多汗、不善社交、不解温柔，无论你在他面前打扮得多么千娇百媚，他都盲了眼睛。

朱先生搜索枯肠，都没法找到一句合理的回答，只有结结巴巴地说："那倒是真的，我真的是什么都看不见！"

其实，他的妻子就坐在他眼前，的确打扮得如花似玉。他只要抬头一望，就会柳暗花明。

我起初也以为这妻子十分抗拒丈夫，所以一点也不留情，后来再听才清楚，原来她抱怨的是丈夫的不解风情，辜负青春。

她说："他给我亲手写一首诗，要比送我钻石更宝贵，偏偏是他宁愿送我钻石！"

太太舍钻石而取诗，别的男人应该喜上眉梢。偏偏朱先生仍是垂头丧气，只感到婚姻的压力，让他不能喘气。

从一个母亲投向另一个母亲，前一个母亲容易揣测，后一个母亲却是扑朔迷离。虽然二者都会为你努力张罗一切起居，但是如果你只用从第一个母亲学来的技巧去应付第二个母亲，你将会像朱先生一样，挫败得不明不白。

爸妈不要吵

这位太太打电话给我，希望我见见她的家庭，但她说：“我丈夫是一定不肯来的。”

我说：“那么你设法请他来一趟，如果一趟都请不来，可能就是这夫妻关系的问题所在。”

过了两个月，太太不但把丈夫请来，同时也请来女儿的辅导老师。

辅导老师说，这家人有两个女儿，八岁和六岁，大女儿情绪十分困扰，投诉父亲太严厉，常常打打骂骂；小女儿在学校也十分不投入，上课不专心，有时甚至躲在桌子下面，闹着要自杀。

一切矛头，都指向男人的不是。

我正发愁，未见其人先闻其恶，不知道这位先生究竟是何方神圣。

走入会谈室，只见到一对与常人无异的夫妇，还有两个十分可爱的女儿。母亲口齿伶俐，父亲说话腼腆。大人说话时，两个孩子尤其喜欢插嘴。

这夫妇二人来自很不相同的家庭背景，男的是个大家族，婚后仍与母亲同住；女的家人不多，婆媳之间很快就因为管教孩子的方式有异，以致无法相容。后来婆婆决定搬走，丈夫恨痒痒地对妻子说：“你终于达到心愿了。”

妻子有百般怨气，一桩桩地细数前因后果。丈夫也有千条理由，各自有一个不同的版本。

这是一幕最平凡的家庭剧目，每天有千万个家庭在不同的角落上演。

唯一突出之处，是我发觉每当父亲说话时，两个女儿就会连同母亲不约而同地干别的事去：不是往袋子里找东西，就是彼此弄头发。每次都是一样，我很快发觉自己是男人唯一的听众。

我忍不住问他：“为什么每次你说话，她们就各自散开？”

他说：“在家也是一样，我唯一让她们听我的方法，就是拿着籐鞭追去。”

这才发觉，两个女儿与母亲十分合拍，父亲根本走不入她们的阵容。大女儿尤其倔强，姐妹二人一唱一和，把父亲形容为最凶恶的狮子与老虎。

这个被定了角色的男人，看来毫无翻身的机会，像京剧中的花脸，“恶”字一早就刻在额角上。

我突然对这男人十分同情。

在婚姻的双人舞步中，很多问题即使不是互相造成，也是共同维持的。清官难审家庭事，偏偏婚姻的问题又往往逼着辅导员要做判官。

妻子见我站在丈夫的一边，当然是慷慨陈词，两个孩子更不能安定下来。

大女儿说：“爸爸妈妈老是吵架。”

小女儿也说：“他们每天都要吵一次。”

我对她们说：“你们知道吗？大人有时像小朋友一样不听话，不如你们去玩耍，让爸爸妈妈学习怎样相处。”

两个孩子开心地笑了，走到会谈室的另一角，在一块黑板上用心写作，写的原来是一封给爸爸妈妈的信。

两个大人看到女儿对他们的争执如此关注，真的沉默了一会。妻子开始哭泣，丈夫便坐近她，用手搭着她的肩膀，低声安慰。妻子赌气地避开，忿忿地对我说："他从来不安慰我！"

大概我们所有做妻子的都是同样矛盾：一方面埋怨丈夫不够关注，一方面到他关注时，又会双手把他推走。

也许不是所有丈夫的关注方式都容易叫人接受。这丈夫安慰妻子的办法，就是叫她听话，不要自作主张，因为他的知识比她"高出三等"。

这种大男人态度，妻子当然抗议。

男女关系的谈判，有时比政治关系更为复杂。

有趣的是，只要他们继续交谈，两个孩子就十分安静地专心写信。她们的两封信都有同一信息：亲爱的爸爸妈妈，请你们不要吵架，我爱你们！

不要吵架，并不是说要把冲天怨气憋在心中，以致一个家庭被怨气笼罩得不能动弹；而是以一种成人态度，好好面对成人问题。

我们成家立室时，对婚姻怀着无限憧憬，以为只要尽心尽力，就会建立一个美满家庭。但是每个家庭所要面对的问题，是数之不尽的。上一代的压力，下一代的要求，加上社会改变及大时代的冲击，每一件事都考验夫妻关系的耐力。

美满的家庭，就是夫妇二人经过种种煎熬，依然可以捏一把汗，一起庆幸又渡过一个难关。

不幸的家庭，就像夫妇二人之间戳了一根刺，愈刺愈深，一股苦涩甚至流传到下一代身上去。

这位女士成功地把丈夫带来接受辅导，如果他们肯一同迎接一个新开始，最开心的将是两个小女孩。

如果他们只是继续互相指责，那么他们将会把一个大好家庭打入无可救药的炼狱。

临别，我对两个孩子说：“如果爸爸妈妈继续吵架，你们就羞他们，大人不乖，要跟小孩子一样罚打屁股！”

婚姻工程

有一部叫作《玫瑰战争》(*War Of The Roses*)的电影,描写一对夫妇困在屋中,斗得你死我活,到最后,一同攀到水晶灯上,仍然不能停止互相厮杀,结果一同坠地身亡。

这电影不时在电视午夜剧场出现,我每次看着都觉得十分不好受。夫妇互相狰狞的面孔,实在比恐怖片更要恐怖。初时我不明白导演作何居心,制造出这样不堪入目的景象。但是从临床工作的经验里,我却不断地看到电影中那对夫妇的翻版。过去一周就见到两对不断向对方发射飞镖的男女,舌剑唇枪,每一分钟都要把对方置于死地。两对夫妇都有一个六七岁大的孩子,第一个孩子是那样地慌忙失措,父母叫他坐在一角做功课,他却不断地张过头来,十分焦急地看着父母向辅导员数落对方的不是。母亲怪他不能专心。第二个孩子却像个牢笼中的小野兽,据说发起凶来,会把家中的窗帘、床垫,全部翻转过来,而且长期不肯上学。

遇到这种情形,很多人都会认为孩子的问题,是基于父母管教方式不一致。其实,如果只是管教不一致,问题倒不严重,试问哪个孩子不知道父母的弱点?天下哪有全部一致的父母?孩子的适应力是很强的，在很困难的情况下，他们仍然可以顺利地长大。独是父母的互相仇恨、敌对，或自我收藏的失意与落寞，那关系上有声或无声的矛盾，才是孩子的最大心结。问题是，这些结合在恩怨中的夫妇，无论他们怎样避免在孩子面前发作，孩子都会敏感地把他们的不和接收过来，他们的不专心或失控，是对父母关系不明朗的一种反应。这个道理，上述两对夫妇都很明白，他们并非不明事理的人，只是二人对坐，就不由自主地贴错门神。

第一对夫妇已经令不少辅导员宣布投降，我是先要求他们答应愿意改善双方相处的形式才肯会见他们。没想一坐下来，妻子就板着脸，不断诉说丈夫的过错，丈夫却说："我们的性格是改不了的！"一开场就打退堂鼓！我说："我以为你们决心改善婚姻生活，才给你们这个时间。如果你们已经肯定自己及对方都不会改变，又何必来这一趟？"

婚姻工程，是需要双方建设的，当辅导的一定不能比当事人更热烈。谁知不问还好，一问起来，丈夫就责怪妻子没有事前与他商议，妻子也反唇相驳，说："那么我什么都不说，你想怎样就怎样！"一个气呼呼，一个恨痒痒。

我不想孩子难受，于是把他带到邻室。回来等足十分钟，夫妇仍是绝对地沉默。我等着，用纸折成花，给女的说："我看你这般愤怒，心中一定充满悲哀，我想送你一朵花！"妻子接着，对我笑了一下，说："我很感动！"我对男的说："你看，她其实不是个难于讨好的人，一朵纸花就可以令她微笑。"我给他几张纸，他拿着，垂下头来，用手弄着纸张，却毫无表示。等了很久，他终于抬起头来，对妻子说："我知道我们其实离不开对方，让我们从头开始吧，不要再这样彼此伤害。"男的说着，忍不住掉下泪来。

我以为这是一个好开始，谁知本来已经软下来的妻子却把头别过去，只对我说："我不再相信他！"她跟着数出大堆丈夫对她的伤害，丈夫用纸擦掉眼泪，也一桩桩地控诉妻子的罪行。

进一步，退两步，这是婚姻治疗的过程。我只有苦笑的份儿，等他们吵完一个回合，再设法走下一步。

这种工作实在十分令人疲累，没想下一对夫妻又是一个重复。这对夫妇更奇妙，女的已经带着儿子接受过很多辅导，与丈夫一同出现却是头一趟。我是十分反对单见一方而作婚姻治疗的，道理很简单，婚姻不是一个人的事，两人合作都如此费力，一个人运作，这样高难度的事我实在担当不了。

而且很多不能相容的夫妇，他们单独与人谈话时都是很有分寸，只是走在一起时咄咄逼人；或者一个逼，一个走，变成一对活冤家。最糟的是，女的经过多年单独辅导的经验，诉说问题已训练有素，愈来愈流利，甚至闭不了嘴，男的更是把愤怒收在心中，不言不语是他唯一的抗拒。

费了九牛二虎之力，才令二人开始交谈；但所谓交谈，却又是互相数落。

不知何故，我们这现代社会实在产生了很多这一类困在婚姻中的"痴男怨女"。他们看来都是有潜质的人，但是，成长期间所负荷的家庭压力，个人梦想的失落，工作以至人际间的困难，都不自觉地全部推卸到配偶身上，纠缠得难分难解，却又充满难言之隐。这种互相控制的二人舞，步法不断重复。我对着他们一个小时，都觉得满身怨气，他们的孩子活在那样的环境中，哪有不出问题的可能？

婚姻是一项艰巨的工程，如果不打算罢手，就得积极建设。这也是一项文明的合作，不能只拿对方来练靶。有时我想，这些夫妇并不需要婚姻辅导，也许他们最需要的，是有一个不讲废话的人，叫他们拿出手来打手掌、打屁股，然后罚两人各自面壁三思，直到他们立意长大，负起为人父母的责任为止。

要适当处理愤怒

上周在诊所见到一位太太，令我苦苦思量。

不是这位太太有什么异常之处，相反地，她是代表一个典型，一个我们甚为熟悉的典型。

她表面看来没有什么，来就诊，主要是因为她那十多岁女儿不听话，而且对她时而拳打脚踢。但是一提到她的婚姻关系，她便完全失控，一桩又一桩地数落丈夫的不是。

她说："如果养一只狗，在它生病时也会带它去看兽医；但是我病得半死，他眼角也不朝我看，我自己爬着去买药，自己挣扎去买菜，还要给他做饭，给女儿洗衣服，他还骂我说，要死就赶快死，不要烦我……"

她滔滔不绝，一把眼泪一把鼻涕，一张脸扭曲得一塌糊涂，情况十分不堪。

她的丈夫坐在一旁，低头不语，真的是眼角也不朝她看。

这位太太的悲哀是那么深，她的愤怒更深。但是她被一股厚厚的苦涩笼罩着，水泼不进。她完全听不到我们对她所说的任何话，她只有不停地投诉，不断地呐喊！

这位太太的影子不时浮现在我的脑海中。她代表着我们这一代不少女性的一种典型：不能接受婚姻失败的不幸，又不能冲破人际关系的囚牢，她们的失意与无助，化成一股自怜自叹，一有机会便会不断地向人申诉。

她们不知道，这种处理问题的方式，只会把自己与别人更加隔离。丈夫鄙夷她，孩子背叛她，连辅导人员都怕了她——因为她那被怨恨侵蚀了的表达方式，令辅导专家都难以发挥作用，只能尽量给她机会发泄。

问题是，现代社会产生了大量这类女性，她们不能像上一代的母亲那样安分，又无法享有近代女性的特权，夹在两个交接不清的时代中，她们只有怨恨！

美国心理学家 Harriet Lerner 写过一本书，叫作《愤怒之舞》（*The Dance of Anger*），描写的就是这种女性的心态。

Harriet Lerner 说，愤怒是一个信号，我们不可置之不理。我们愤怒，是因为受了伤，权利被人侵犯，我们的需要被人忽视，我们的信心、价值观、欲望或野心受到压迫；愤怒其实对人具有保护作用。

但是大部分的女性，都不能容忍自己的愤怒，因为愤怒令我们失去仪态，令我们丑陋，尤其是对男人愤怒的女人，外国人称她们为母狗(Bitches)，叫她们 Castrators——把男人阉割的女人！种种形容，令女人不敢让自己发怒。

对女人发怒的男人就没有这种形象的损害，我们顶多称他们为 Bastard(小野种)，或 Son of A Bitch(婊子养的)，这些称呼其实并没有怪罪那些发怒的男人，反而归罪于他们的母亲。

因此，做受伤的女人易，做生气的女人难。

因为不能发怒，我们的愤怒往往表达得十分别扭，或积怨成粪，令我们爆炸起来臭气熏天，又或怨话不停口，造成一种“话痨”（Verbal

Diarrhoea)的状况。

没有正当途径表达自己的愤怒，Lerner 认为女人处理愤怒的方式一般可分为两种：一种是“好女孩综合征”(Good Girl Syndrome)，尽量强做好人，把愤怒深藏；一种是“婊子式女人”(The Bitchy Woman)，尽量找机会发作，见人就咬。

当然，以上两种都是极端，不是妥善地表达愤怒的方法。

愤怒最好及时处理，应发怒的时候要发怒；应骂人时不骂人，怒气会慢慢地积累成一股侵蚀我们的毒气。因此，百忍绝对不会成金，只会令人变得窝囊，令人变相。

我特别喜欢中国舞台上处理愤怒的手法，尤其是地方戏，无论骂的是贪官，是昏君，是背义的朋友，或是负心郎，都是骂得淋漓尽致，大快人心，痛快而干净利落。

干净，是骂人的要诀。

骂人切忌声东击西，拖泥带水，殃及池鱼。如果非要指桑骂槐不可，也要指得清楚明白，免得桑槐混淆。

骂人要骂得适时，一定要新鲜处理，过时的怒气，是会发霉的。而且高潮一过，便要懂得鸣金收兵，切莫依依不舍，干净还需要利落，才可以痛快而去。

愤怒是一股能量，处理适当，能增强我们的效力；任其发展，却有怒火焚身的可能。当然，骂人并非泄怒的唯一办法，但是我们必须敢于让自己发怒。

怎样与愤怒共舞，是一种修身及与人相处的艺术。

有人说，知易行难，尤其在情绪高涨之时，如何运用自己的理智？而且过于理智的话，又会造成压制自己不许发怒的反效果。

例如上述的那位太太，她的哀鸣是她唯一的倾诉机会，叫她怎能干净利落？再者，此情此景，无论你说什么话，她都不会听得入耳；她最需要的，是有人去拍拍她的肩膀，最好是有一双结实的手臂把她紧紧地抱在怀中，让她痛快地大哭一顿。但是环顾四周，只有一个不耐烦的丈夫，以及两个夹在中间不知所措的女儿，包括辅导员在内，人人等着她收声，却没有人敢走近。

愈是没有人理会她，她愈是不能收声；她愈是不收声，愈是生人勿近。

这是一种恶性循环，怎样打破？谁能打破？这是心理治疗界中的一个大难题。

上述讨论处理愤怒的方法，都是未雨绸缪、修身养性的道理，只可用作预防，却不能用来救急；在怒火焚身的当儿，一般辅导者都会教人做深呼吸，缓和当前形势，却解救不了纠缠已久的困境。

若处理愤怒的方法不妥，愤怒会变成毒瘤，到时要施手术也很难，最好还是平时频频拂拭心中的明镜，莫使蒙尘埃！

家 庭 的 秘 密

两年前家庭治疗大师 Minuchin 访港，会见一个中国家庭——一对夫妻和两个女儿。丈夫每周只回家一天，其余六日没有人知道他的去向。妻子尽量保持一切正常，继续摆出一副幸福家庭模样；两个女儿只知道父亲七天一现，其他六天只是单亲家庭。但是父亲的去向是这个家庭的一个大秘密，不可言，不可问，不能碰！

母亲全力掩饰这个家庭秘密，弄得一身毛病。妙的是，一周七日，她有六日都是全身肿痛，呕吐头晕，苦恼不已。只有丈夫回来的那一天，她肉体上的痛楚才会停止。

两个女儿虽然不知实情，但是她们无可避免地活在这个秘密中，不时作出种种行为上的反应。

秘密是一张沉默的网，令人不能动弹。奇怪的是，我们为了要保守秘密而付出的努力及代价，往往要比秘密本身更能伤人，只是在紧急关头，我们常会不顾一切地把秘密埋藏。

记得当时 Minuchin 问那位妻子："你说丈夫回家时，你身体上的毛病就会痊愈，那你可知道他为什么一周有六天不回家？"

妻子答道："我不能说，说出来对他会有很大的伤害！"

Minuchin 问:“这样说来,你知道他的秘密,他也知道他的秘密,为什么还要花这样大的气力去保持一个已经不是秘密的秘密?”

她说:“如果说了出来,他可能连一天都不回来了!”

秘密的最大武器,就是抓着人们惧怕的弱点,造成一种敲诈,让你乖乖地成为它的俘虏。

丈夫听着妻子的陈词,好几次想为自己解释,但是每次都是话未出口,便哽咽起来。

丈夫的秘密究竟是什么?那始终是一个谜。有人猜他有婚外情,有人说他是同性恋,如果是真的话,两者本身都不足为患;为患的反而是全家费尽心思去为他保密。

秘密只能在沉默中生存,一旦打破沉默,它的杀伤力就会失去。

最常见的家庭秘密,包括酗酒、吸毒、婚外情、堕胎、精神病、领养、家庭暴力及乱伦等等。每有上述状况,家人都会守口如瓶,在这种沉默气氛中长大的孩子,又往往会重复同样的家庭形式。

在欧美国家,有时连种族背景也是一个家庭秘密,例如在第二次世界大战饱受迫害的犹太人,很多都改名换姓,企图隐瞒种族背景,往往连下一代子孙,都不知道自己家族的真正根源。只是瞒尽管瞒,很多子孙在长大后,基于种种蛛丝马迹,都会重新追寻家族背景,恢复本姓。又例如白皮肤的黑人,为了摆脱黑皮肤所带来的种族歧视,往往装作白人,但秘密一旦被揭开,身受的耻辱将更大。

传统的家庭,往往会隐瞒领养孩子的秘密。有个十五岁的青年,生父在一次车祸中死亡,他的母亲改嫁,当时只有三岁的儿子就由后父领养。但是儿子长大后,一直不知那位自己唤作父亲的人并非自己的亲父;这青年每年到了四月精神就会陷于低潮,追查之下,才发觉他生父死亡的时候，也恰巧是在四月。

这种巧合，追溯到青年人的身世。我们相信，母亲虽然没有告诉儿子任何有关他生父的资料，但是她死去丈夫，不由自主地每年一到四月便会有感而发，儿子潜意识地接收到母亲一年一度所发出的情怀信息，便也作出定期性的情绪反应。

后来母亲把儿子的背景揭露，并带他探访生父的墓，青年人虽然初时有强烈的反应，但是久藏的秘密一旦露面，他的情绪病反而消失。

上述是心理学家 Evan Imber-Black 所处理的一桩个案，这位学者专注于家庭内的秘密。她认为，秘密所造成的沉默，往往会一代传一代，但是要打破这个沉默，却千万不能强来。

美国很多脱口秀（Talk Show），利用观众对别人秘密的好奇，往往邀请家人上电视，然后把他们的秘密戏剧性地渲染出来。

例如，一位丈夫在出差时与另一男士发生关系，电视主持人邀请这一对夫妇上镜，在妻子毫不知情又毫无心理准备的情况下，听着丈夫向整个电视网络公开自己的秘密，并同时邀请他的情人出镜。

当丈夫的男友姗姗然出来与观众会面时，电视的近镜头落在妻子惊慌无助的表情上，她的惊惶竟然为观众带来快感。

这种以把隐私公之于世为娱乐的电视节目，在北美十分流行，奇怪的是有那么多人愿意出镜，兴高采烈地把自己的秘密宣扬。

相信每个人的心底里，都有一段深藏不露的信息，等着要打破那长久的沉默。

我们由儿时开始，就承受了家庭内很多不可提及的信息，长大后，又往往会制造自己不可告人的秘密。

秘密可大可小，但没有人是没有秘密的；在心灵之深处，一丝丝、一缕缕，若隐若现，影响着我们的人际关系，令我们对生命不能尽情投入。

要打破秘密，就要打破沉默；要倾诉秘密，又往往会带来复杂的感觉。

家庭内的秘密，全都是人际关系的秘密，言或不言？真是个困难的决定。

家 庭 暴 力

有人说，除了行军打仗，家庭是最多暴力的一个社会单元。

家庭暴力，却往往是个没有人愿意面对的问题。到非面对不可时，也会尽量减低它的严重性，不是否认它的存在，就是找借口去解释暴力的出现。

打人的人固然不愿提起，被打的人也是一样不愿谈及。家，应该是个甜蜜的地方，没有人愿意承认自己的家是个战场。

早期对家庭暴力的理解，视之为男女性别不平等所致。男人体力较女人强大，又有经济实力，自然会欺负手无寸铁的女人。

但是现代从事家庭暴力的工作者，都同意问题并非如此片面；家家户户都有不同的版本。

我见过一个男人打老婆的个案：老婆患有精神病，要不停吃药，男人就因为她天天吃药，说给他带来倒霉运，对她拳打脚踢。

女的逆来顺受，只好找社工求助。

问题是，无论社工怎样劝告女人要坚强，回家对着男人，强弱悬殊，始终逃不了做男人的出气袋。

可恶的是，男人觉得打老婆是天经地义的事，一点悔意也没有。

另一个也是男人打老婆的个案：女的咄咄逼人，无论言谈、举止及工作能力，都比男的出色；处处居下风的男人，积着一肚子怒气，突然发现，打老婆是他最强的武器。

以上两个案子是两个极端。当然，中间还有很多不同的组合，并非所有暴力案例都是如此善恶分明。

有些夫妇关系的暴力，是互相殴打的。不单用手用脚，还要加上鞋子、花瓶和所有拿得上手的武器，两人伤痕累累，谁是伤人者，谁是被害者，根本难分难解。

根据美洲的统计数字，女人挨男人打的机会，比遇上车祸及被抢劫的数字加起来还要大。

每三个女人中，就有一人会被亲密的男人殴打。

而女性被家人所杀，远比在外面被陌生人杀害的比例高。

从数字看家庭暴力，重点仍是放在女性身上。

根据中国一项研究家庭暴力的报告显示，其实夫妻殴打的案例中，有百分之二十是女人打男人的；就算挨打的是女人，她们也不一定是甘心被打的传统弱者。据说很多在案发时，女人正在咒骂男人的祖宗三代，体力不足，舌头却绝不饶人。这现象，与美国若干报告类似。

家庭暴力治疗专家 Virginia Goldner 说："如果一个人在街上被陌生人殴打，就会毫不犹豫地把伤人者告上法庭；但是如果伤害你的人是你的伴侣，整个事情就会变得复杂，被打的人往往不会提出控告。"

我们对家庭以外的暴力是绝对不会容忍的，但是对于家庭内的暴力，却处处包容。

其实无论内或外，暴力是绝对不可接受的。

即使对方有一万个不是，都不可伤人！

但是话虽如此，在我们这个社会的道德法庭，往往以“道德”为审判准则。我见过一位被丈夫斩得满手伤痕的女士，只因为她别有所恋。

丈夫虽然被判入狱，但是上至她自己的家庭，下至自己的儿女，没有一个人站在她的一方，丈夫出狱那天，全家人为他设宴庆祝，丢下她一个人，连支持她的小儿子，都要被兄姐杯葛。

只因为她要求摆脱一段没有爱情的婚姻，全家人都同情那个斩她的男人。即使有法律制裁，真正被判罪的，到头来仍是那个被斩的受害者。

清官难审家庭事，问题是，这个社会往往有太多判官，一早就判定了谁是谁非。

女权运动为女性角色争取了很多新权利，例如妻子陪丈夫上床，以往是天经地义的事，现在如果丈夫在妻子不允许的情况下逼她行房，则可以被控强奸。

但是立法归立法，有多少人真的依从，始终是个男女之间的不明文协议。

单是夫妻之间的暴力问题已经如此复杂，牵涉到孩子及老人的暴力问题时，更是难以用简单的道理或数据来解答。

理论上，男女在暴力关系中都要负上一定责任，打人的固然要懂得自控，被打的也要负上保护自己的责任，但是弱小的儿童与老人，又可以怎样面对？

而生活在暴力家庭中的孩子，即使没有挨打，心理上同样会被暴力摧残。

我曾被警务处邀请，做了一个有关家庭暴力的采访。

警察是最先抵达暴力现场的执法人员，他们的处理手法，往往具有决定性的作用。

问题是，在这个压力大的城市里，每个人都可能有暴力倾向，一旦失控时，最遭殃的，还是身旁最亲密的人。

代人赔罪

报章刊载一个天津市的家庭，父子失和，儿子带着礼品向父亲赔罪，却被赶出家门。结果儿子向一家专门替人赔罪的机构求救。经过五次上门调解，父子终于和好如初。

代人赔罪，对于讲究面子的民族来说，将是一项新兴产业。

很多人知道夫妻问题需要和解，但家族成员之间的争执，却往往被人忽略。曾经看到一个家庭，妻子与夫家不和，争吵起来，责怪丈夫不帮自己，愤而自杀。丈夫觉得自己已经为了妻子断绝六亲，结果仍然不被谅解，也气得要"一死以告天下"。

家庭纠纷一般都充满火药味，随时殃及池鱼。但若环顾四周，不难发觉所有大小家族，都会有火拼事件。有时这些事件已经酝酿多年，甚至流传几代。因为历史悠久，不一定火光熊熊，而是一种无言的危机，或势不两立的僵持，旁人都会不言而喻。但是除非疯了，否则有谁愿意当起莫名其妙的"和事佬"？

我自己每次在家族的聚会中遇上"战乱"时，总会忙着看电视，或找后辈聊天，或躲回房中，总之可逃则逃；逃不了，就集中精神在一些无关痛痒的事情上。

幸好中国人的家族聚会，大都是在饭桌上进行。别人争吵得死去活来之际，我起码可以聚精会神，享受当前美食，任何人要我争长论短，我都只会礼貌地点头微笑。

有时定力不足，插一句话，就会被卷入漩涡，甚至变成万劫不复之身。

家族中有位老人家，总是在她的产业上耍花样，分配不平，结果弄得几个儿女及孙辈矛盾万分。

我一直以为我们的老者都是提倡儿孙和睦，故无法理解这位老人为什么要如此耍弄自己的下一代。

因此，当她好像很诚恳地征求我的意见时，我忍不住说："如果你怕儿孙遗弃你，而用钱财去捆缚他们，那只会给你带来更多烦恼，难道你不怕自己死后他们会变成仇敌?"

她立即脸色一沉，答："我还有很多日子要活，你这话要吐口水再说过!"

我从此便入了她的黑名单。

可见专业性的"和事佬"有多宝贵。

有人代你做苦差，多少钱也值得。差使干得好，当然满意；干得不好，起码有人代你挨骂，何乐而不为?

一位从事家庭治疗的美国学者 Mike Nichols，曾经专注在家族火拼的调解工作上，他有几个处理步骤：

一、在进行调解前，必须先分别会面及聆听各方投诉，了解整个冲突的前因后果。

二、要求觉得理亏的一方，写一封信给对方。信要这样开始："想起我们之间的矛盾，以往我一直只顾及自己的感受，现在我才明白，你一定也有你的感受……”信中千万不可解释你自己的立场，尤其不要提议“既往不咎”。因为这信只作投石问路，看看对方有无反应，才走下一步。

三、如对方有反应，才有调解希望，那时最好找个双方都信任的亲属参与，面对面地交谈。

四、进行谈判时，调解人要接纳双方的意见，千万不能有偏差。也不要让双方自圆其说，否则只会惨淡收场。

五、调解人像包青天，要给各方平均机会去表达。等他们火气下降了，才探讨双方妥协的可能性。

原来调解需要有个过程，怪不得我上次一开口，就得罪了老婆婆。

不知道天津市的“和事佬”如何进行调解？是否也有一套步骤，或只是苦口婆心、打躬作揖为双方拉拢？

年前到波士顿 Minuchin 的家中作客，遇上一位在哈佛大学调解中心的总裁 Sluzki，她刚由阿根廷回来，做了一次跨国调解工作，觉得毫无头绪，求大师指点。

原来那是阿根廷的一个望族，家财上亿，但是毫无法纪，大哥管财政，大权在手，无须向任何人交待；结果一族人弄得刀枪剑影，仍是解不开这个死结。

我们听了这个有趣的个案，称奇不已，但就是没法提供解决办法，反而我那个同是来自大家族的丈夫最有主意，他说：“处理这种家族钱财与处理人际关系一样，因为永远有理说不清，剪不断、理还乱，还是不要调解为妙！”

连调解专家都不能不赞同这论调。

事实上，在火拼场面中，有时连调解本身也是火上加油。

不过，有很多我们不愿意亲力亲为的事，能够假手于人实在不错。

除了替人赔罪，替人求爱、替人写情书唱情歌、替人打小人、替人讨烂账、替人读书、替人遭殃，都可以是十分吃香的行业。

同胞相争

“你们兄弟间为什么这样不相容?”

母亲一句团年饭的话,勾起了在座中人大半生解决不了的情结。

母亲的八个子女,分布在世界各大洲,唯一一次所有人归家聚集,是回来出席父亲的丧礼。八个面形相近的同胞,有八颗不同的心。

对于来日无多的老人来说,她甚至不知道自己临终时,八个子女会不会再一同出现。

母亲于是又习惯性地思量对策。她对一部分出席的儿女说:“我知道你们彼此不和,我决定叫长兄及二兄不必为我奔丧,免得你们到时发生纠纷。”

长兄是母亲至爱,竟然叫他不必奔丧?二兄与母亲一向疏远,来与不来,除他自己知道,谁也不能预料。

母亲这一番话令人难明内里乾坤。

小弟说:“你知道长兄一向怕麻烦,故意叫他不用回来,免得他费心。可是,他是长兄,难道一点责任也没有?”

大妹也说:“你可知道,这些年来,我们姊弟数人,费了多少劲要求两个兄长分担照顾父母的责任?他们竟然一点反应也没有,而你却处处袒护他们……”

不知道什么道理，愈被父母宠爱的子女，愈会抽离；愈觉得不受重视的子女，却愈要表达对父母的关注。

这几个兄弟姐妹的情怀，好像全部是围绕着父母而转。

同胞相争，早在旧约《圣经》便有记载：亚伯与该隐本是同胞兄弟，但是上帝宠爱亚伯，该隐怀恨在心，把亚伯杀掉，然后躲藏起来。

上帝找到他的藏身之处，问："该隐，你为什么不出来见我，你干了什么好事？"

该隐及亚伯的故事，是西方文艺复兴及心理学的研究主题。在意大利水城威尼斯的钟楼上，画的就是这个同胞相残的故事。

我几度到威尼斯，都会特地跑到钟楼，坐在靠墙的木凳上，呆呆地望着天花顶上该隐被赶出家园的壁画，甚至会想，自己选择长年居住外国的生活，是否也是因为在潜意识中杀掉了自己的同胞？

同胞相争，并不止于来自同一家族的兄弟姐妹，同学间及同事间的斗争，同样是一种同胞竞争(sibling rivalry)。

只是斗得你死我活的同胞，往往不知道这一股仇恨，其实来自父母。如果上帝不是处处偏爱亚伯，该隐又怎会恨得要杀人。

同胞相斗的最大心结，是因为发现这世界是不公平的！

根据生物学的研究，手足相争是一种适者生存的现象，在动物界中，出生次序(birth order)往往决定了生存率的高低。

先出生的鸟类，侵占性都会较强，因此生存率会较高；"后生之犊"则适应力较大，因为要应付比自己先出世的同胞排挤。

要在自然界生存，幼雏必须争取足够的母体照料，因为资源有限，不竞争就保不了命。

但是在资源丰富的现代社会，我们竟然摆脱不了那弱肉强食的天性，而“世界不公平”的理念，甚至会由家庭扩展到整个社会体系。

文明社会崇尚人人平等。问题是，这只是一个梦想。谁告诉你这世界是公平的，必然是骗人。

连父母，都不可能没有偏爱。即使他们不断保证：“我对所有子女都是同样看待！”但是所有子女的心眼中都有一杆秤，清清楚楚地衡量着各人在父母心中的分量。

而父母无论怎样企图平均分配，都忍不住那无意的多加一把，或眼神中那特别的关注，一切不言而喻！

父母的一举一动，子女看得清清楚楚，同胞之间隔着父母，哪有和平共处的可能？受宠的与不受宠的，自然就组成不同阵线，个中曲折复杂，外人很难理解！

上一代的家庭，往往重男轻女，饱受不公平待遇的女儿，长大了反而是最顾家的一员，而母亲牵肠挂肚的长子，却远走他乡。

但是孤独的老人仍然学习不到欣赏眼前人的道理。年夜饭佳肴满桌，她却说：“长兄有多可怜，不知道多久没有尝到家乡菜！”

女儿听得心头火起，反驳母亲：“长兄的生活过得比谁都好，他要是怀念家乡菜，为什么不回家探你？”

母亲说：“他没有假期。”

女儿说：“有假期他也带妻儿到欧洲，几时想到你？你什么时候才明白谁人对你真正好？”

要一个年近百岁的老人放弃她对爱子的梦想，是最残忍的要求；但要一个忠心耿耿的女儿放弃争取母亲最后的关注，同样是不可行。

一顿团年晚宴，只有惨淡收场。

手足之间的心结，永远结在上一代身上。

小脚与西服

看张邦梅写的《小脚与西服》(*Bound Feet and Western Dress*),拿起手就放不下,一连数天,流连在一个二十世纪的故事。

这是最理想的度假。

窗外是一片湖光山色,窗内是懒洋洋的下午,一书在手,时光倒流。

很多人都知道徐志摩与陆小曼的故事,但是很少有人会提起徐志摩的前妻张幼仪。

作者张邦梅是一个在康涅狄格州长大的美国华人,她在大学进修的中亚研究课程中,看到有关张幼仪与徐志摩的离婚简介,被称为中国第一桩摩登离婚个案。

恰巧张幼仪是张邦梅的姨婆,当时已经移居美国,作者近水楼台,便从姨婆身上套取了这一个跨越整个世纪的陈述。

全书用英文写成。缠足与西服,是徐志摩用作离婚的理由。因为幼仪是个传统女子,二人完全是奉父母之命而成婚。据说徐志摩十分厌恶这个不是自由恋爱的妻子,幼仪虽然为他生了两个儿子,但他视她如透明,后来甚至离家出走,把言语不通的妻子独个儿远渡重洋地抛弃在英国剑桥的一间村屋内,没有留下任何解释,当时幼仪正怀着他们的第二个孩子。

徐志摩认为,缠足与西服是不相称的,不能放在一起,决心要成为中国第一个正式离婚的男人。

有趣的是,幼仪其实并没有缠足,她生于一九〇〇年,是那年代的大家闺秀中,少有的不缠足的女子。她生长在传统的中国家庭,受三从四德思想熏陶,但是她的遭遇一点也不平凡。经历两次世界大战,由军阀时代,至民国、至共产党当政,她不单是中国历史上第一个正式离婚的女人,而且结过两次婚,曾经在英国、法国及德国定居,一九七四年移民美国,一九八九年在纽约病逝,享年八十八岁。

她不曾作诗,也没有留下豪华的字句,徐志摩看到她的相亲照片时,说她是"乡下南瓜"("Country Pumpkin")。但是这个乡下南瓜,具有无限的生命力,所有发生在她身上的不幸,都被她塑造成一段独立而多层次的生命。

相比之下,徐志摩所选择的女人,一点也没有他所崇尚的"西洋思想"。

幼仪形容她离婚后,一次与陆小曼在朋友的宴会中碰面。她说:"陆小曼实在长得美,皮肤白皙,轮廓玲珑。她说话时,每个人都会留心聆听,徐志摩更是百般应从,比起与我一块时那种冷漠,简直是天渊之别。"

但是她全不怨天尤人,只说:"我知道自己不善解人意,不像别的女人,我是硬板板的人,是我的生活把我训练成这样的。"

徐志摩嫌幼仪没有主见,任人安排,但是他自己也逃不开那才子佳人的传统。

他娶陆小曼入门后,他的父母受不了儿子媳妇那种缠绵关系,离家去找幼仪诉苦。

两老气冲冲说:"陆小曼要坐八人大轿入门,要徐志摩抱她上楼,家里的楼梯足足有五十级。她又没有小脚，难道自己不会走路？”

吃不完的半碗饭，她撒娇要徐志摩把饭吃完，两老看到更是火起千丈。一谷一米，得来不易，何况还要儿子吃冷饭？

即使两代之间代沟明显，但是如果说徐志摩的行为就是反映西洋思想，却是怎样也说不通。西洋人一样是传统分明，家族观念并不弱于中国人，尤其在那个时代。

徐志摩在那年头要把西方文化带入中国，五四维新，有时会闹出洋相，这是可以理解的。

但无法解释的是，他丢弃妻子，本是为了找寻一个新时代的女性，然而陆小曼看来并不时尚，还染上大烟瘾，据说成为一个完全依赖的女人。为了满足她的需求，徐志摩到处来回奔走教学，结果三十五岁就遇上飞机失事而丧生。

一个走在时代前端的人，仍然没法放下旧时代那才子佳人的包袱。

而受传统文化熏陶的幼仪，却反而被新潮流的波涛带领着走，她后来成为上海一所大学的德文老师，一所银行的副行长，以及一家时装店的总裁，一生无悔。

徐志摩的情怀，在这个新世纪已经显得陈旧，但是张幼仪的故事，一个传统女人挣扎的故事，却跨越了时空。

作者一方面描写她姨婆的历史，一方面比较她自己那种身份不明的移民者心态和暗涌。

到最后，她找到的不单是一段上世纪的情意，也为自己找到一份民族传统的自豪感、一种身份的认同！

民族传统与家族根源的探讨，是近代欧美新文化的一股主流，想不到我们不断要反叛的，到最后，竟然是我们一直在找寻的。

家中的皇帝

在北京一口气见了几个家庭，每个家庭都带给我一个不同的视角。

这次所见到的家庭中，最能反映大文化的，是一个独生子的家庭。

儿子十三岁，是精神病院的住客，我问他："你为什么生病？"

他答："因为我在家是个小皇帝，爸妈一切都依我。"

我问："这有什么不好？"

他说："我饭来张口，要买什么玩具就买什么玩具，但是没有能力应付外面的世界。"

这孩子目光迟钝，明显地是受精神药物的影响，但是他仍努力与我交谈，而且说话清楚有条理，一点也不含糊。

他的父母十分关注地看着儿子，对他的一言一行，都观察细微。母亲的表情，完全是绕着孩子而转，默默地欣赏着儿子的每一句话。

父亲对儿子也是全神贯注，只是他完全看不到儿子的挣扎，不停地在一旁叮嘱孩子："说话大声一点，坐得端正一点！"

初见这孩子时，以为这不过是个被宠坏了的当代典型中国独生子。但是我很快就发觉，情况不是如此简单。被宠坏的孩子很多，不一定每个都这样年轻就成为精神病人。

细看这一家三口,父母的两双眼睛,全部牢牢地盯在孩子身上。每次父亲督导儿子,母亲就面露不悦之色。

我问母亲:“你是否不赞同你丈夫的管教方式?”

母亲毫不忌讳地点头,而丈夫对妻子的不认同,好像已经习以为常,甚至到了刀枪不入的境界。他对我们的谈话,全部听而不闻,只管专心继续用自己的方式吩咐儿子做事。

明显地,这是一对互不相容的夫妇,彼此无话的父母,大都把注意力及精力转移到孩子身上;就像两盏高温度的大光灯,集中焦点照着那苍白的少年。

一个完全没有自我空间的孩子,一举一动一言一语一思一想全部被人控制,母亲的一声叹气,父亲的一下皱眉,全部都会引起孩子的情绪反应。

据说这孩子在入院前一口气打了两天游戏机,然后崩溃下来。其实精神病与玩游戏机很相同,都可以是一种逃避。

这次赴京还遇到另一对父母,对孩子也是关怀备至,说要借着几天假期,好好地与儿子沟通。这少年一听到要沟通,头就垂了下来,说:“这一回要死了。”

沟通是好事,为什么有时会令人舍命而逃?问题不在这意念本身,而是在沟通的形式。

有两个十二三岁的少年,在我与一群父母交流的讨论会出现。

当中有父母问:“我们怎样才可以与你们沟通?”

孩子一听到要沟通,也是谈虎色变,忙说:“不要沟通,千万不要沟通!因为你们的沟通方式都是话不停口,往往在自己下班后最累的时候,逼我们与你交谈,太憋死人了!”

爱也是一样。父母的爱,是孩子成长的精神食粮,但是塞得太饱,肚子就会爆炸：太多的爱，是会让人窒息的。

没有自我空间的人，不论孩子或成人，都很容易出毛病。

我们上一代的父母，往往生下大堆儿女，根本没法逐个管教，孩子反而会找到很多空间去发展身心。现代所谓优质教育，让孩子变成家庭的中心，对他们的成长路途却容易造成阻碍。

道理其实很简单，孩子不应是父母的全部寄托，否则父母就会变成他们的全部依赖。离不开父母的青年人是很悲惨的，像个案中提到的小皇帝，平时是个很听话的乖孩子，只是每隔一段日子，才来一次大反抗，甚至殴打母亲，然后精神病发作。

在发病的情况下，才可以脱离那一股被控制的压抑；可惜那不过是由一个牢狱，走入另一个牢狱。

据说江苏省发生了一桩杀母的家庭悲剧，一个十六岁的儿子把母亲杀掉后藏在衣柜内，然后继续上学，事件等到出差的父亲回家后才发现。

这桩案件引起全国关注，北京的学校实行“减负运动”，减轻学生的功课负担。这分明是个家庭问题，怎么只从学校制度着手？难道他们不知道，父母的全力关注，对孩子也是一种大压力！

学生们倒是万分高兴，减少功课，起码也多了一个喘气的机会。

在这次访问经验里，我特别欣赏北京孩子的表达能力，原来紫禁城的天空下，两代新旧思想及价值观的冲击，竟是那样地波涛汹涌。

不想活下去

这个孩子只有七岁。一天，他到表姑家去作客，与表兄弟一同玩耍时，突然从上格床倒头栽下来，不但摔破了头，还说："做人好惨，不如死掉。"

小小年纪，怎的如此轻生？

孩子的父亲知道后吓了一跳，他说："我是个不懂亲子的爸爸，孩子也不喜欢亲我，见了我就老远跑掉，也许平时见我总是恶气腾腾。"他又说，"其实，我也不算太凶，我小时候，父亲常会把我捆绑起来打，还说要用布袋把我套着丢下海里，打打骂骂是家常事……"

根据世界卫生组织的估计，每年约有一百万人死于自杀，即是每四十秒钟就有一人自杀身亡。自一九五五年以来，全球的自杀率增加了百分之四十。

很少人会想到小小年纪的孩子也会有自杀念头，而且自杀的年龄，也呈现低龄化趋势。因此上述那位父亲的忧虑，并不过分。

不想活下去，是现代人所面对的一个大问题。

心理学家 Abraham H. Maslow 认为，人类活着的第一个动机，就是求生。有了生命，才可以谈到衣食住行或其他更崇高的理想。

可惜的是，在我们现在这个丰衣足食的社会里，却愈来愈多人不想继续活下去。

求生，再也不足以构成活着的理由。

求死，反而是一种对生活的抗议！

这种生不如死的想法，究竟是怎样形成的？是一时意气想不开，还是真的生无可恋？又或许是两者以外，还有很多旁人无法想象的因素？

有经验的辅导员都知道，自杀是最难猜测的问题。很多现有的辅导指标，都只是名符其实的一个“指标”，其准确性与赌大小一样，只有一半一半。

最常见的现象是：在辅导谈话暂告终结时，病人与你握手道别，若无其事地与你闲话家常，并且欣然与你约定下次见面的时间。

谁知一返回家，就从高楼跳下。

又或是，病人不断向辅导员说要自杀，让你终日心惊胆战，他却始终没有真正行动。

问题是，人真的想死去的话是防不胜防的，他们终会完成心愿。

一位朋友的母亲，多次企图寻死，身旁的人多次把她从枉死城拯救出来，并且把她盯得紧紧的，不让她有任何寻死的工具。一天，女儿到医院探望母亲时，发觉母亲在洗手间内，用大毛巾把自己勒毙。

母亲的死，成为女儿一辈子的心结：二十年后，她仍不断懊悔，早知要死得那么辛苦，不如让她去得安乐。

但世上最令人苦恼的事，就是有太多“早知如此”。

自杀是最残酷的一种死亡，除了苦心安排的“安乐死”，其他所有方式均对活着的亲人留下一个一生难忘的烙印。

对生者最大的惩罚，莫如死者的一句“我为你而死”。

我常引用这个真实的故事：一个哀伤的母亲上吊身亡，留下遗言说是被儿女气死的。

子女背负着母亲这个遗下的咒语，一辈子都翻不了身，到最后，其中一人也是上吊而终。

从家庭系统看自杀，更是千丝万缕。很多父母以为子女真的是自己的一部分，因此寻死时必要带着"骨肉"一同上路。但奇怪的是，有些儿女也会与父母至死不分。

一位青年人对我说，当母亲在医院接受急救时，他只想着，如果母亲救不回来，自己应该以什么方法了断？

他说："总不能让她独自离去！"

这些好像二十四孝的故事，在如今二十一世纪仍然不停发生，只是没有深入探讨，局外人很难了解个中因果。

我见过一个成年人，三番五次自杀，并清楚地表示，寻死是为了报复父亲自小对他施过暴力。

他的父亲在旁听得火冒三千丈，父子当场就要动武，害得辅导员要不停地劝架。

最奇怪的是，这男士已经有妻有儿，为什么他的心思不是放在自己的家庭，让儿子有个好父亲，却反而把宝贵的生命当作赌注，押在上一代那纠缠不清的矛盾上，让自己的儿子几乎变成孤儿？归根究底，都是一个"气"字，为了一口咽不下的气，有时连最聪明的人都会瞎了眼。

最难防的自杀是当事人觉得失去生存的意义；最愚蠢的自杀是为了争一口气；最无奈的自杀是基于人际关系的捆绑，让你身不由己，无论是男女之情，抑或父母之情，有时都会把人置诸死地。

而那七岁小孩为何要死？每一桩厌世事件，都有它自己的故事。

带青少年游纽约

两个青少年，一个十六岁，一个十三岁。这是一个尴尬的年龄，说大不大，说小不小，两个人站起来都要比我高，却仍是稚气未除。她们是我的侄女，要跟我去游纽约。

纽约是我最喜爱的城市，它不像伦敦那样大得难以掌握，又不像其他欧洲的名城，没有言语上的障碍，尤其是曼哈顿区，是个步行的好去处，到处洋溢着一股生活气息，我每次回到纽约，整个人都觉得活了起来。

两个侄女都是在北美长大的孩子，像很多移民家庭，他们住在郊区，家居生活都跟着父母，虽然在美洲长大，最熟悉的却仍是道地的中国家庭生活。我想，也好，让她们尝尝纽约的城市味道，也许可以洗掉一点土气。

但是如果你以为十多岁的孩子肯让你任意指挥，你就大错特错。我说："我们由第五大道走去，到 St. Patrick's Cathedral 看看，那是很有色彩的一座教堂。"

两个家伙没精打采地跟着走，眼睛却只看地下。走到 Rockefeller Center，她们认得那个名字，赶快拿照相机出来拍照，证明到此一行，其他免问。

再走下去，她们问："为什么不坐车去？累死了。"

明显地，我所热爱的纽约不是她们要看的纽约。

"你们究竟想看什么？"我只好低声下气。

她们想了老半天，然后说，要到帝国摩天大厦。

我说："大猩猩 King Kong 才去帝国大厦，你们为什么要去？"

后来想，这两个长得高头大马的青少年，其实与 King Kong 无异。只好把她们送到帝国大厦，让她们乘坐升降机到楼顶去看个饱。与青少年同游，就是这么一回事，你以为可以展示给她们一个美好的世界，但是她们自有主张。

十三岁的小妹仍有童真，对新事物仍好奇；十六岁的大妹却是十问九不应，插上耳筒收音机，她的声音来自另一世界。

记得十岁时的大妹，是个善解人意，最能帮大人办事的小女孩，才一转眼，那张活泼可人的脸拉长了，变成一个不爱说话也不爱答话的青年人。也许长大中的孩子全部都要经过这个喜怒无常的怪物阶段。

我不能把她们带入我的世界，只好尝试走入她们的天地。

不再向她们说教，反而问她们的意见，突然发觉这两个仍是娃娃的大孩子，脑袋里竟也充满各种成人的意念。

她们最喜爱的电视节目是 *Butty*，一个追杀僵尸的女孩子，原来"我和僵尸有个约会"，竟然是世界性灵感。与青少年谈话，很快就发觉什么是流行(In)，什么是不流行(Out)。僵尸是 In；Spice Girls(辣妹)是 Out。

而现时最热烈受欢迎的，当然是《哈利·波特》(*Harry Potter*)。这个由英国女作家 J. K. Rowling 执笔的儿童故事，描写一个叫作哈利的男孩的历险，一共会出七集。男孩由九岁至十七岁的成长，也是所有儿童的成长历程。

书已经出到第四集，哈利已经十三岁，作者规定第四集不能在七月八号前面世，全美洲的书店都要等到七月七日子夜才可以发售。

还没有入夜，当天晚上，纽约各大书店已经排起一条条长龙，大部分是九岁至十三岁左右的小读者，争着抢购，书一出就销了三千万本，空前热闹。

我们看晚间新闻时，才知道当天午夜就可以买书，小妹吵着要去排队，我们没有一个人愿意奉陪，小姑娘苦恼不已，泪眼汪汪地追看着每个有关这个报道的电台。

我问小妹："这本书为什么对你有这样大的吸引力？"

她的眼睛发亮，娓娓道来："这是一本最明白我们孩子心意的书；它充满想象力，哈利的经历，就是我们的经历。"但是，我说："哈利是个懂巫术的孩子，他的经历怎会与你相同？"

她答："你不会明白，不懂巫术的人叫作"麻瓜"(Muggle)，他们肉眼所见的，都是最没有生命的现实，他们看不见哈利的魔术。"

原来我是"麻瓜"——看不见魔术的人。我以为纽约是个充满魔术的城市，突然发觉只是瓦墟一片。

Rowling 的作品引人之处，就是创造了不少新名词，我要先懂得这些名词，才有办法与小妹交谈。

好不容易，才学会与小妹沟通，谁知大妹一加入，整个局面又反转过来。

大妹说："僵尸已经过时，香港的电视节目不过是抄袭美国的。《哈利・波特》是小孩玩意。"

那么，我问："什么才是十六岁青年的至爱？"

她毫不犹豫,答:“购物,或者玩 ICQ。”

我问:“你们的老师没有给你们培养其他兴趣吗?”

她们同时回答:“现在哪还有人会听老师的话!”

一心以为要介绍两个孩子认识这个充满文化气息的城市,结果反而是她们引领我进入一个对我完全陌生的文化。带两个少年游纽约,转眼已是三年前的事,今年夏天正巧 Rowling 的第五部《哈利·波特》面世,同样是轰动一时。据说长大了三岁的哈利是个愤怒青年,开始步入成人世界,而我那两个长得更高大的侄女,继续是带我走入新文化的好导师。

牢骚老人的良伴

与女友通电话，一谈就谈了五个小时。

这个破纪录的“电话粥”，煮的是一味甜酸苦辣的家庭什锦。

女友的母亲刚刚过了八十大寿，她最感得意之处，是比丈夫长命。

女友说：“父亲已经去世多年，但母亲仍放不下对他的恨意，仍然要借尽机会把他骂得狗血淋头。”

兄姐都厌倦了母亲的无理取闹，朋友是幺女，对父亲印象不深，倒是十分同情母亲的遭遇。

她说：“父亲很早就离家到香港谋生，我们随着母亲留在上海。八个子女全由母亲照顾，可以想象她的压力有多大。母亲常说，那时她曾经想过自杀，走到黄浦滩头，就是放不下几个儿女，想到自己死后，八个孩子都要变成孤儿，才打消寻死的念头。”

上述是她母亲故事的一个版本，女儿后来又有另一个版本，她说：“小时候一直以为母亲很伟大，长大后却发觉母亲不寻死的理由，还有很大成分是因为要向丈夫报复。”

上一代的母亲，心态往往是如此复杂。她一方面对丈夫唯命是从，怀着大肚子仍然为丈夫倒水洗脚。她常说，那时自己最大的心愿，就是丈夫肯为她分担一点家务。但是另一方面，她又把他管制得不能动弹，连那十分支持母亲的女儿，有时都看不过眼。

女儿说："我其实很谅解为什么父亲后来另有新欢，只是，当我知道实情时，又觉得不能不告诉母亲。试想，如果她发觉几个儿女都连同父亲向她隐瞒，那种被出卖的感觉会有多强烈?"

但告诉了母亲后，她又后悔，因为没想到母亲的反应会是那么强烈。一辈子的不甘心全部被勾起来，所有的戾气凝聚在一个焦点上，恨意冲天。

那时，父亲的身体已经走下坡，再没有能力处理自己的事情——被迫放弃心中所爱，精神上再也没有寄望，到最后不肯再吃药。本来沉默的人，最后更索性把嘴巴紧合起来，不再打开。

但是母亲的话却没有停止，丈夫死后，她的怨气有加无减。也许她只是为那股愤怒而生存，儿女是她的唯一听众；但是那个听了一万次的故事，已经令人感到霉烂，母亲的寂寞因此更深。

这个故事本身其实十分陈旧，已经在无数人身上发生过，一点也不新奇。

新奇的，倒是朋友处理这个家庭关系的新招数。

为庆祝母亲八十岁生日，她从美国赶回家来。儿孙满堂，母亲却好像视而不见，每一句话，仍是向死鬼老公放箭。她的回忆只有悲哀、抱怨，不是仇，就是恨。

朋友一声不响，过了一天，对母亲说："我昨夜做了一个梦，梦到外婆，满面愁容，不断叹息。我问她有些什么心事，为什么死了也不安息。她说，本来已经入土为安，但是听到自己的女儿这样不快乐，她也不能安睡，她在责怪自己为什么把女儿生到世上来。"

朋友是作家，一段话就把这三代女人的苦恼串连起来，让受了伤的母亲十分受用，连同辈们都暂时舒一口气。

但是这话只有暂时功效，不久母亲又惯例地诉苦，一股股的怨愤，投诉自己怎样为婚姻而牺牲，为丈夫做牛做马。

这次朋友说："我一听你这些话，就看到父亲站在你面前抿起嘴来偷笑。他已经死了，为什么你仍然只为恨他而活？他对你这样无情，你为什么不活得光彩？那才是最好的报复。"

母亲板着脸，没有回答。过了几天，朋友突然收到母亲的电话，只说了一句话："我办不到！"

也许母亲骂的不止是死去的丈夫，骂的还有她的儿女。

一生坎坷，也许母亲只望赢得儿女的心。只是她愈投诉，儿女们就愈不能与她亲近。孤寂的老人与菲佣同住，也许对丈夫的恨，才是她最好的伴，让她仍然可以恨痒痒地活下去，不然就会变成痴呆老人。

幸好朋友又想到一个妙法。

这次她怂恿姐姐一同游说母亲养狗，一只北京狗，让老人任意喜爱怒骂。

朋友说："狗是很懂得避祸的，我看母亲有时生气想踢它，它不知避得多快，一下子就闪开了。"

而狗又不记主人恨，一会儿又向着母亲摇头摆尾。

母亲活了大半生，第一次找到一个对她完全依附、任爱任怒，而又不会反抗的同伴。

这次母亲真的改变了，八个儿女无法改变的局面，竟由一头小狗独挑大梁。

人与人的关系实在太过复杂，变化莫测；人与动物的关系，却是那样地单纯。怪不得欧美一些老人,死后把全部遗产留给猫狗。

不知道那是对儿女的一种揶揄,还是为我们显示另一个真理：当人际关系纠缠得难分难解时,还是从小动物身上学习吧!

爱是观察细微的过客

欲望是一个游人，

即使在他自己家中。

无论有伴或无伴，

爱是观察细微的过客。

这首诗的作者叫祖安奴，我回港工作的大半年间，他都住在我在多伦多的老家，为我看守房子。

他说，这百年老屋给他带来无限灵感。他的第一本诗集《爱是观察细微的过客》(*Love is an Observant Traveller*)，就是在我老家的一段日子创作的。

祖安奴是爱尔兰人，他的母亲曾经是我工作单位的主管，有典型的爱尔兰脾气，一点小事便暴跳如雷。偏偏这个儿子像个毫无性子的隐者，对工作毫不起劲，只想做个诗人。

祖安奴也许是个观察细微的过客，却绝对不是观察细微的住客。清洁的房子交到他手上，到收回来的时候已积累上大半年的尘埃。

他怎么在我家看到诗句，我却只看到吸尘机与强力洗洁精？

但是祖安奴的文字实在具有想象力，而且色彩鲜明。拿到他的诗集时我已经搬了家，新家像个浮在湖上的小筑，夏天对着水波流动，人像入了定，突然明白祖安奴为什么宁愿借居别人家中吟诗做句，也不肯到现实世界去闯天下；突然发觉四壁之内自有乾坤，外面的天地太多假象。

但是这年的夏天又快完结，回港在即，不得已又重拾大堆繁琐的生活细节：上银行、交差饷、换车牌，没有一桩不是令人麻木的事。

我不过隐居数月，外面的世界却全部变成由机器控制。

因为换了地址，所有文件都要更改。拿着驾驶执照去转地址，面对着一部庞然大物，画面上出现各种指示。

我全神贯注，跟着一个个指示按钮，指示叫我把驾驶执照插入机器，才一转眼，我的驾驶执照就失了踪，而且再也不出现。

接下来的是一个部门又一个部门，每个部门都叫我到另一个部门去查问。

最后出来一个交通部的主管，不问因由就对我说："你不应该把驾驶执照插入机器，只要把执照号码打入画面便成。"

我不服气，走回机器再试一次，画面上分明写着："请把驾驶执照插入机器"，而且图文并茂。

我把那位主管带到机器前面，让她自己看个清楚。

她还是说："分明不是这样的，你不应该把执照插入机器，这是错的。"

高科技世界最恐怖之处，是再也没有可以应付问题的人存在。

因为人类全部变成了机器。

答非所问，是机器人的最大特长。大堆毫无作用的废话，或是乘机把你教训一顿，是机器人解决问题的方式。

纽约人出名不友善，当地有个笑话：如果你向纽约人问路，他的回答将是："去你妈的。"

因此有幅著名漫画，问路的人说："你能否告诉我某某大街怎样走去，还是我应该去我妈的？"

但是要维持这种幽默感实在不容易，四处受到机器包围，哪个妈的都行不通。

走了很多冤枉路，仍然找不回我的驾驶执照，于是索性不再出门，反正已经不再驾驶，丢掉也就算了。

李白如果活到今日，就知道蜀道难行，大城市的车路更难行。噪音是最令人疲乏的东西，身在其中，神经紧张不在话下，百病丛生更是无可避免。

怪不得在二十一世纪有愈来愈多人追求精神生活，尤其新一代的年轻人，向往的往往不再是我们这一代的竞争和搏斗。

我不知道他们是否能够创造一个更好的世界，但是祖安奴的诗却给我带来很多启示。

诗集中有很多单句，例如："一根尖锐的舌头，会令人脑袋麻木。"

"人的欲望并不足惧，足惧的是人认为应分之处。"

"表达愈不露骨，愈具吸引。"

其中一首诗，形容电视机是希腊神话中的蛇发魔女 Medusa，她被带入每个家庭中，让所有面对她的人，都化为石头。

我却认为在家做石头，都比出门受困为妙。

我最喜欢的一首，是形容一个熟睡不醒的人，一步步地走下楼，却一点也不愿意返回工作的世界。她努力聆听，却完全听不到发自自己身上的声音。

也许祖安奴真的是个观察细微的访客，这首诗把我的心意表达得淋漓尽致。

也许湖水与文字的配合为我带来魔术，点亮了这四壁空间。

而新世纪的第一个夏季，我却怎样也挽留不住。

别打扰了玩耍

我在美国家庭治疗的研讨大会中碰到玫瑰。

当时是大会招待参加者的鸡尾酒会，像所有的鸡尾酒会一样，全部人拥向小食的档摊。我也没有例外，一手拿着大会派发的书籍，一手挽着手提袋，一手拿着香槟，正在狼狈万分地设法腾出第四只手来拿取食物。

突然身旁伸出一只闲暇的手，为我扶起正在失去平衡的杯碟。

那人就是玫瑰！

接下来的四天会议，玫瑰与我形影不离。

玫瑰是意大利人，在纽约出生，但是选择回到她在西西里的老家，成立了一家家庭治疗的培训中心。

我碰到过很多意大利中产阶级的女士，她们最恼人之处，就是处处都表现得那么得体。衣着舒适，举止优雅，一举一动都好像那么理所当然，铁铜色的地中海肤色，笑起来把棕色的眼睛衬托得无比灿烂，一个分明知道自己十分具有吸引力的女人，却又显得那样地不着痕迹。那种欧式的不经意魅力(cultivated charm)，要学也学不来。

我却是个走路不带眼、手中抓紧着的东西都会自动跳到地上，左右不分的冒失鬼。

后来发觉，我为什么老是丢东西的原因，是因为别人手中都拿着一个大会赠送的小布袋，安置所有书本杂物。我哇哇抗议，怎么我没有取到小布袋？

玫瑰笑道："每人都有，就是不发给中国人！"

她随即察觉坐在我们不远的一对日本人也拿着一个小布袋，便补充说："日本人就每两人一个！"

这种用民族为话题的玩笑，在美国这个表面追求"政治正确"的国家，是个大忌。然而，避开每个敏感性的话题，也同时阻塞了人与人密切相交的机会。

因此我趁势走去向大会交涉，说："有人说这小布袋不发给中国人，所以我没有，是吗？"

吓坏了管注册的女士，立即给我补发两个布袋。

我向玫瑰炫耀："看，中国人就有两个！"

我们两人哈哈大笑。

两个不同国籍的女人遇上，不知撞了什么邪，事无大小，总让我们乐不可支。

大会中每碰到老生常谈之处，我们就在下面指指点点，两个甚具经验的老师辈，变成两个不专心听讲的捣蛋鬼！到后来，甚至双双逃课，坐了六个小时来回的车程，去看迈阿密南端的长堤。

临去前，我担心地问："你想我们可以相对六个小时，依然受得住对方吗？"

她说："试试看吧！"

一路上，我们像两个傻大姐，各种话题，都让我们笑得不停流泪。

原来不用认真，随意胡扯，指鹿为马，颠倒是非，是那么让人痛快的一回事！

记得去年与一位英国女学者到北京讲学，回来后收到她的一封电邮说："可惜时间太匆忙，我们没有机会一起做些傻事(silly things)。"

Silly things，是女人的专利，男人可以无厘头，但是不懂 silly。无厘头过于刻意，变傻(get silly)却是随遇而安，起码有两人或两人以上闹作一团，那是女人与女人之间的密切关系，一种联结(bonding)！

数年前在台湾，百忙之中，有一晚与当地几位专家去买衣服，那服装店只售一种款式，我们却花了三个小时，一件又一件地试穿不同颜色，几个女人乐不可支，互相指指点点，笑破肚皮。志不在衣，而是几个同辈一起胡闹，在那短暂的空间，让你脱离一切牵挂。

只是这种机会可遇不可求，人在什么情形下产生什么化学作用，实在难以预计。

这次碰到玫瑰，让我在可能闷得发慌的学术探讨中，突然找到无限精力与喜悦。

大会的主题是"家庭无边界"，其实，人与人之间也可以没有边界。玫瑰对我说："你一定是我在某处丢失的孪生姐妹，要不然，我怎么会在几百人的大会中找到你！"

我想，我们每人都有个双胞胎，在天之一角不为人知地默默生活。如果你够幸运，有一天，也许你会出乎意料地与他遇上，一起玩耍天地！

回家后，我找到一张由一个六岁小孩所设计的信纸，给玫瑰去信。这小孩的名字叫 Danny，他在信纸的一角写着：Never let anything interfere with play。

不要让任何事情扰乱你的玩耍！

暑假已经完结，面对大堆数不完的工作，不禁怀念几天以来与玫瑰那天马行空的畅快。

更要提醒自己，千万别让任何事情打扰了玩耍！

女人们的列车俱乐部

由纽约州的曼哈顿到康涅狄格州的西港，这段火车路线足足一小时，咏梅已乘搭了三十年。

女儿芳芳还没有出生，她便搬到了西港，那是保罗·纽曼置居的小市镇。为了让下一代有良好的成长环境，咏梅宁愿每天长途跋涉，坐火车到纽约上班去。每天早晨七时，丈夫便在上班途中把她送到火车站，同途的乘客也陆续地在晨曦的新鲜空气中出现。

咏梅很自然地就在人群中找寻秀华的影子。秀华也绝对不让她失望，总是准时出现，然后两人共同踏上这条数十年不变的旅程，但是最近三天，秀华都没有出现，咏梅心中纳闷，总觉得情况不妥，她习惯性地阅读手中刚由读书会交换回来的一本名著，但总是无法集中精神。直到碰到下一站上车的玛莉，她才喜出望外。

咏梅、秀华和玛莉都是这条铁路线上的同路人，她们的相识、相聚、相交，完全集中在火车车厢的空间内，让那每个工作日里一来一往的两个小时，突然有了光彩和期待。

咏梅最先遇到的是秀华，她也是西港少有的中国人，有个小女儿，又是在曼哈顿第五街工作，每天都是早晨七时出发，下午五时回程。

每天两个小时的交往，让她们分享了各自的心路历程，这段铁路线伴着她们由年轻少女走入中年，而她们的小女孩也由鼻涕虫变成了华尔街的精英。

女儿们都搬到曼哈顿去独立生活，咏梅和秀华却习惯了在西港生活。数十年如一日，每天两个小时的车程，不但没有觉得不方便，反而觉得这是个重要的自我空间，作为城市与郊区生活的一段洗涤身心的时间。

当然不是每天必遇到秀华。咏梅有阅读的习惯，是读书会的忠实会员，这车程让她读尽了读书会推荐的好书。多年来，她在火车上相识的也不止秀华一人，安妮也曾是这路线上的常客，但是数年前乳癌复发，只见她一天比一天消瘦，头发一天比一天稀疏，到最后，人也消失了。

还有莉莉，也曾是她的火车密友，但是莉莉的婚姻十分不称心，每天的相聚都是听她投诉与丈夫之间的各种矛盾："我要离开他"、"我不能离开他"、"我不能再忍受他"、"我仍爱他"。

咏梅、秀华和那时仍未病发的安妮，全都成为莉莉的心理治疗师。直到一天莉莉哭诉："我丈夫走了，我不忍抛弃他，他却离我而去了。"

莉莉婚变，搬回城里居住，火车俱乐部又少了重要的一员。

玛莉是后来加入的，她比其他人都要年轻，谈吐直率，打扮夸张，初时其他人对她都有些抗拒。但见这个不谋而合的火车俱乐部人丁愈来愈单薄，便没有人敢过于苛求。

尤其是三天不见了秀华，咏梅一见到玛莉就立即向她提及。

玛莉回应："她是否出事了，上星期不是说与老公吵架吗？"

咏梅记起，秀华的确提过丈夫的心脏有问题，却又不肯戒除烟酒，两人因此纠缠不清。加上经济不景气，女儿任职的公司随时可能倒闭，没有一个人有好心情，真不知道出了什么事。

咏梅想：到了公司，要赶快给秀华拨个电话。

其实以她们的交情，一早就应该与秀华联络。只是咏梅自己也并不好过，丈夫患了忧郁症，已经两年，终日无精打采，瘦了四十磅；服了两年药，不但没有好转，反而令人全无精力。

咏梅是个精力充沛的女人，整天为丈夫打气，可惜此举不但无效，反而让他觉得是一种压力，女儿芳芳也失业回家居住，一肚子的不甘心。对着两个愁眉苦脸的人，咏梅劝他们不成，不理他们又不成，只有干为他们焦急。

身为妻子与母亲，咏梅的第一个信念就是保护丈夫与女儿。苦的是，无论自己为他们做什么事，说什么话，都只会引来对方的强烈反应，尤其是女儿。咏梅于是学会把很多几乎已到嘴边的话，重新吞回肚子里去。

原来，无论多亲近的人都会与你存有界限，有些事必须要他们自己做主；有些话，更是万万不能出口，即使谁都知道你是对的。

也正因为如此，这火车上的相识实在具有无比的力量。在这每天两个小时的聚合时光里，什么在家不能说的话，都可以说个痛快，个人心中的秘密，很快就成为了共同的秘密。

个人身上不同的际遇与故事，都在这铁路线上交叉、重叠。列车载着她们的喜怒哀乐、她们的年华和她们的失落。

列车俱乐部，是女人们一个家外有家的好例子。

很多女人以为家庭是自己的一切，每遇到解决不了的问题，便只有憋了一肚子的怨气，憋死了也不一定被人了解。

当然，找朋友诉苦也不容易，即使是深交，一时也不知从何说起。

列车俱乐部的好处，就是有个固定的时空，让几个萍水相逢的女人，创立了家庭之外的另一度空间，彼此支持，彼此关怀，彼此聆听。

很多女性小组的成立，也是希望达到同一目的。只是自然的发展，往往会比人为的推动更为有效。

我每年回到纽约，都会找秀华聊聊天。

她那列车俱乐部的故事，更是我们每年一聚的焦点。它是几个纽约郊区华人女子生活的小插曲。

很多人认为女性运动是解放女性，其实那是个大误解。女性运动的一项重点，就是强调了女人与女人之间的情谊。在此之前，美国女人往往把男女关系放在最重要的位置，而忽略了女人之间的密切关系。

数年前的一个夏末，美国家庭治疗的两位老师到我家作客，她们都是提倡女性发展的治疗师，其中一人是 Peggy Papp，另一个是 Ruth Moore。那时 Ruth 已经知道自己患了癌症，时日无多。

走在公园的落叶上，干叶沙沙声响，我们昂首大步，为毫不重要的事情笑个不停。有时互相交换生活上的心得，表达内心的困扰；有时喋喋不休，尽说些废话，却不知怎的会说得如此兴高采烈。三个不同国籍的女人，过了无比丰富的几天，男人们都说我们疯掉了，怎么尽说疯话。

一年后，Ruth 悄然病发去世。而我每次见到 Peggy，那个夏天的回忆仍是深深地把我们串连在一起。

一位对婚姻失望的女士对我说："我这么多年来，除了婚姻生活，完全没有别的朋友，我该怎么办？"

这个火车俱乐部的故事，就是特别为只有婚姻生活的女士而写，希望她们也可以为自己创造出另一度的空间。

罗伦在纽约

罗伦的忧郁症，已经持续了两年。

本来二百磅一个结实的人，变得只剩皮包骨。吃不下、睡不好，只觉得一片黑云瘴气，紧紧地把他笼罩着，让他不见天日。

罗伦在纽约已经定居二十多年，一家三口，女儿已经独立生活，剩下老夫老妻。生活本来悠闲自在，上馆子、看舞台剧，尽情享受纽约人的文化生活。

两年前妻子爱莲突然发现患了乳癌，爱莲是个拿得起放得下的女人，发觉自己的家族遗传着极高的乳癌病历后，她的第一个反应，就是要求医生把两个乳房都同时割掉，虽然受染的只有一个乳房。

她说："反正要割一个，不如两个都割掉，以免后患。"

纽约人爱美，很多割掉乳房的人都会进行乳房重整手术，调动肚皮或大腿的肌肉，造个新乳房。

但是爱莲一口就拒绝了这一项包括在保健项目内的手术。她认为，治癌的手术已经难受，何苦多加一项没有必要的整容？

不但如此，她还找来一幅十分独特的海报，那是一个失掉乳房的女人形象。照片中女人裸露上身，展开双手迎向天空，一点也没有因为胸前两个凹洞而介怀。

爱莲把海报贴在床边，作为她对乳癌的抗议！

她说不介意，罗伦却不知何故，说觉得不对劲。平静的生活，好像突然充满暗涌。爱莲愈豁达，罗伦愈有口难言。他甚至不敢半夜向妻子伸手，怕触碰到那平坦的胸部，找不到那软绵绵的两团肉，好像会失去所有的安全感。

罗伦就是在那时候开始忧郁，心中充满焦虑。只觉得双手环抱着一股空虚，空洞洞地不着边际。

大半生一帆风顺，夫妇都是成功的专业人士，家居中央公园的高尚地段，十多岁时从上海随同父母移民美国，他已经成功地完成一个梦寐以求的美国标准家庭之梦。

而且高堂健在，女儿又是华尔街的前锋分子。人生无憾，这该是好好享受半生辛劳结果的好时候；爱莲自己刚从鬼门关打一转都没有觉得泄气，只感到生命更加难得，她因此无法明白，怎么罗伦偏偏在这时候倒下来？

罗伦也无法解释，也许妻子的患病，让他突然感到人生无常；也许本来十分健康的爱莲都可以发病，让他更感觉到父母的年迈，自己将成孤儿；也许女儿如此成功地投入美国的主流社会，让他感触到自己移民一代的无根。女儿带回家来的男朋友全部都是外国人，也许让他突然醒悟，自己才真正是寄居异国的“外国人”！

无数个也许，原来并没有无憾的人生，只有不断地接受及冲破。

只是罗伦再也不想冲破，他只想抓紧着自己的忧郁，因为那是他唯一可以紧紧抓住的东西！

我今年暑假在纽约见到罗伦。

他告诉我：“你知道吗，我康复了！它突然而来，把我囚禁了两年；突然又走了，我一天早上醒来，发觉那片乌云过了！”

我好奇地问他：“是它自己走了，还是你成功地把它赶走？”

罗伦说：“‘九一一’后，我与爱莲到世贸大厦遗址(Ground Zero)去哀悼死难者的亡魂，排了很长的队，连爱莲都受不了，但是我决定要完成这个过程。烟尘与骨灰混在一起，当时我想，这么多人在刹那间死去，冤魂一定久久不散，那个地方一定不安宁，正配合我当时的心态。”

也许负负得正，罗伦去了一趟灾场，竟突然有了一种归属感，一种与这城市共存亡的感觉。

然后他与爱莲去看了一部叫作《变形记》(*Metamorphoses*)的舞台剧。

那是由希腊古剧改编的剧本。

其中有一段故事，是爱神恋上了 Psyche，与她结为夫妇，条件是 Psyche 绝对不能看到爱神的脸。但是妻子不久便开始怀疑这个黑夜来访的丈夫，终于在他熟睡的时候，用洋烛照亮他的脸。

烛蜡滴在爱神雪白的翅膀上，受伤的爱神立刻离开他那不守诺言的妻子。

Psyche 失去丈夫，走遍天涯去找他。

她会找到他吗？

讲述故事的人轻轻地回答：“她一定会找到他，那是不可避免的一回事，因为 Psyche 就是灵魂的意思，灵魂一定要找到爱，才可以安息！”

罗伦说：“你看，两个好像毫无关连的经验，竟然助我找回自己的灵魂！”

我仍然不了解：究竟先要有爱，才找到灵魂，还是先有灵魂，才找到爱？